Vasili Bachtsevanidis

Πάμε! A2
Pame!

Der Griechischkurs

Kursbuch
mit Audios online

Hueber Verlag

Fachdidaktische Beratung:
Cleopatra Altanis, Mönchengladbach
Brigitte Bräunlein-Schmid, München

Wir danken für die tatkräftige Unterstützung:
Parthena Athanasiadou, Stuttgart

Die Audio-Dateien finden Sie in der *Hueber Media*-App
sowie unter: www.hueber.de/pame

7. 6. 5. | Die letzten Ziffern
2028 27 26 25 24 | bezeichnen Zahl und Jahr des Druckes.
Alle Drucke dieser Auflage können, da unverändert, nebeneinander benutzt werden.
1. Auflage

Verlagsredaktion: Anna Hila, Hueber Verlag, München
Satz: Sieveking · Agentur für Kommunikation, München
Druck und Bindung: Passavia Druckservice GmbH & Co. KG, Passau
Printed in Germany
ISBN 978-3-19-005462-6

Art. 530_12400_001_05

Vorwort

Konzeption
Πάμε! A2 ist ein Lehrwerk für das gemeinsame Griechischlernen im Kursunterricht. Es richtet sich an Lernende, die bereits Grundkenntnisse der griechischen Sprache und Schrift erworben haben (zum Beispiel mit dem Lehrwerk **Πάμε! A1**) und darauf aufbauen möchten. **Πάμε! A2** vermittelt praktisch anwendbare **Griechischkenntnisse für alltägliche Situationen:** z. B. im Restaurant, in Geschäften, in der Apotheke, unterwegs in Griechenland oder im Gespräch mit Griechischsprachigen hierzulande.

Trainiert werden die Fertigkeiten Sprechen, Hörverstehen, Leseverstehen und Schreiben.
Ein **Schwerpunkt** im Kursbuch liegt auf der mündlichen Sprache: Vielseitige Aktivitäten motivieren zum **Sprechen** und regen dazu an, sich im Kurs untereinander auszutauschen.

Die Audio-Materialien bieten einen reichen Input an gesprochenem Griechisch. Ziel der **Höraufgaben** ist es, Strategien für die Kommunikation mit Muttersprachlern zu entwickeln. Zunächst geht es nicht darum, jedes einzelne Wort zu verstehen. Wichtig ist, sich auf die gestellten Aufgaben zu konzentrieren und das Gehörte auf diese Weise allmählich für sich zu erschließen.

Auf dem Niveau A2 gewinnt auch das **Lesen** an Bedeutung. **Πάμε! A2** enthält unterschiedliche Textsorten, an denen man verschiedene Lesetechniken erproben kann. Damit verbunden ist die Erweiterung der **Wortschatzkenntnisse**. Die in Texten und Dialogen vorkommenden Wörter finden Sie in den Wortschatzlisten aufgeführt; es ist sinnvoll, wenn Sie daraus je nach Ihren individuellen Bedürfnissen eine Auswahl treffen. Darüber hinaus kann es – insbesondere für das Schreiben von eigenen Texten – helfen, sich ein Wörterbuch anzuschaffen.

Aufbau
Das **Lehrwerk** besteht aus diesem Kursbuch und einem Arbeitsbuch mit integrierter Audio-CD.
Die Hörtexte des Kursbuchs sind als kostenloser MP3-Download unter www.hueber.de/pame erhältlich oder können über eine kostenlose App für Smartphone und Tablet abgerufen werden. Außerdem ist separat unter der ISBN 978–3–19–015462–3 eine Audio-CD verfügbar. Hinweise auf weitere Materialien finden Sie unter www.hueber.de/pame.

Dieses **Kursbuch** deckt die kommunikativen Lernziele des Niveaus A2 (des Gemeinsamen Europäischen Referenzrahmens) ab und schlägt die Brücke zum Weiterlernen.
Zusätzlich zu den 10 Lektionen gibt es zwei kommunikative Wiederholungsspiele und ein Dossier zu Themen der antiken Mythologie. Im Anhang finden Sie eine Zusammenfassung der behandelten Grammatik und den Lektionswortschatz. Die hintere Umschlagseite lässt sich ausklappen: sie bietet eine Liste mit den Stammformen wichtiger griechischer Verben.

Am Anfang jeder **Lektion** stehen die kommunikativen Lernziele, die auf den folgenden Seiten vermittelt werden. Die siebte Lektionsseite ist ganz dem Leseverstehen gewidmet: Dort finden Sie längere Lesetexte zu landeskundlich interessanten Themen. Auf der letzten Seite sind wichtige Redemittel und die Grammatik der Lektion zusammengefasst. Ganz zum Schluss jeder Lektion kann man seine kommunikativen Fortschritte mithilfe einer Checkliste selbst einschätzen.

Die folgenden Symbole helfen bei der Orientierung im Kursbuch:

Partnerarbeit
Gruppenarbeit
Wichtige Redemittel

4 Tracknummer der Audios zum Kursbuch
AB 1-4 Verweis auf passende Übungen im Arbeitsbuch
→ GR 1.2 Verweis auf die Grammatikübersicht

Πάμε... να μάθουμε ελληνικά! Auf geht's, ans Griechischlernen!

Viel Spaß und Erfolg dabei wünschen
Autor und Verlag

Inhaltsverzeichnis

1 Πού ήσουν για διακοπές;

sagen, wo man war und wie es war (z. B. im Urlaub) ‖ jemanden ansprechen (z. B. auf der Straße) ‖ Nicht-verstehen äußern ‖ einer Wegbeschreibung folgen ‖ Informationen zu öffentlichen Verkehrsmitteln verstehen und geben ‖ über Veranstaltungshinweise sprechen ‖ Karten reservieren bzw. kaufen

1 Ήμουν διακοπές.

α Ταιριάξτε και μιλήστε. Ordnen Sie zu und überlegen Sie: Woher könnten die Dinge stammen?

1 

2 

3 

9 

8 

4 

7 

6 

5 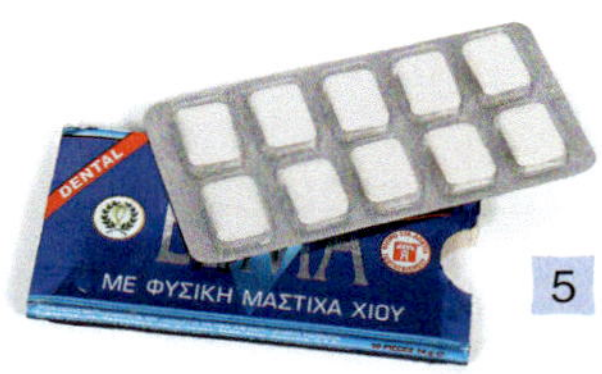

- ☐ παστέλι
- ☐ δύο κοχύλια
- ☐ τσάντα
- ☐ τσίχλες
- ☐ φιστίκια Αιγίνης
- ☐ φοιτητικό πάσο
- ☐ εισιτήριο για το μουσείο
- ☐ εισιτήριο για το λεωφορείο
- 8 κλειδί με μπρελόκ τσαρούχι

Από πού είναι η τσάντα; Εσείς τι λέτε;
Εγώ νομίζω ότι είναι από...
Το εισιτήριο για το μουσείο μπορεί να είναι...
Εγώ λέω ότι...

1 **β** Ακούστε και σημειώστε. Hören Sie und markieren Sie in 1α, über welche Dinge gesprochen wird.

γ Ακούστε ξανά και βάλτε ένα Χ. Hören Sie erneut und wählen Sie die korrekte Antwort.

Η Χαρά...

1. Πότε ήταν για διακοπές;	☐ Πέρσι.	☐ Φέτος, το καλοκαίρι.
2. Πού ήταν;	☐ Στην Αθήνα και στη Χίο.	☐ Στη Θεσσαλονίκη και στη Θάσο.
3. Πώς ήταν τα μουσεία;	☐ Ωραία και φθηνά.	☐ Πολύ καλά αλλά ακριβά.
4. Πώς ήταν το φαγητό;	☐ Έτσι κι έτσι.	☐ Πάρα πολύ καλό.
5. Πώς ήταν στην Ελλάδα;	☐ Εντάξει.	☐ Τέλεια.

AB 1 **δ** Μιλήστε μεταξύ σας. Unterhalten Sie sich über eigene Reisen.

Πού ήσουν το καλοκαίρι;
Ήμουν στην Ιταλία.
Ήσουν σε ξενοδοχείο;
Ναι, και ήταν...

2 Θα φάμε, θα πιούμε και θα χορέψουμε.

α Διαβάστε και γράψτε έναν τίτλο. Lesen Sie die Blog-Einträge und erfinden Sie eine dazu passende Überschrift.

Πέμπτη, 28 Οκτωβρίου	______________________
Ο/Η Spaik 2 ώρες πριν	Είμαι με το φίλο μου στην Αθήνα και περνάμε πολύ ωραία! Χθες ήμασταν στο Μουσείο της Ακρόπολης και μετά σε ένα θερινό σινεμά εκεί κοντά. Ήταν και τα δύο τέλεια! Το ξενοδοχείο μας, το «Άστρα Αθηνών», είναι έτσι κι έτσι και το πρωινό είναι χάλια, αλλά δεν πειράζει καθόλου, γιατί είναι πολύ φθηνό. Απόψε θα πάμε στα μπουζούκια και θα γιορτάσουμε τα γενέθλια του Στέλιου. Θα φάμε, θα πιούμε και... ο Στέλιος λέει ότι θα χορέψουμε. Θα δούμε. ☺ Αύριο θα ταξιδέψουμε με το πλοίο – στην Κρήτη! Θα γράψω και αύριο!
1 σχόλιο Ο/Η Panos λέει	Δεν θα το πιστέψεις! Ήμουν κι εγώ στο ξενοδοχείο «Άστρα Αθηνών» και έχεις δίκιο. Το πρωινό δεν ήταν καθόλου καλό, αλλά η τιμή ήταν εντάξει. Και ήμασταν ακριβώς στο κέντρο.

β Διαβάστε ξανά και συμπληρώστε. Lesen Sie noch einmal und ergänzen Sie die Verbformen.

______________	______________
ήσουν	ήσασταν
ήταν	______________

χορεύω – θα / να χορ______
ταξιδ______ – θα / να ταξιδέψω
γράφω – θα / να γρ______

γ Γράψτε κι εσείς ένα σχόλιο στο blog. Verfassen Sie selbst einen Kommentar zu dem Blog-Eintrag, z. B. zum Akropolis-Museum oder zum Frühstück.

AB 2-5

3 Μπορείτε να με πάτε εσείς;

2

α Ακούστε και βάλτε ένα Χ. Hören Sie und kreuzen Sie an.

1. Ο τουρίστας θέλει να πάει... ☐ στο μετρό. ☐ στο πάρκο. ☐ στο λιμάνι.
2. Τώρα είναι... ☐ στην Ύδρα. ☐ στην Αθήνα. ☐ στο Πασαλιμάνι.

β Ακούστε ξανά και βάλτε στη σειρά. Hören Sie erneut und ordnen Sie die Bilder der Reihe nach.

☐ 
μπροστά από το σταθμό του ηλεκτρικού

☐ 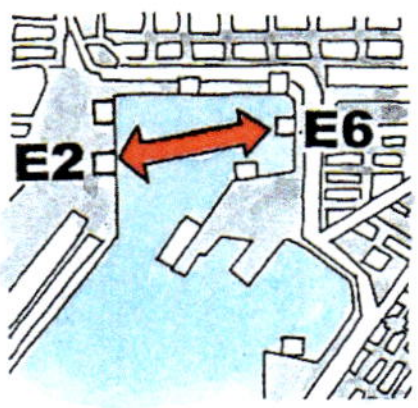

απέναντι από την Πύλη Ε6

☐ 
πίσω από το καφέ

☐ 
δίπλα από ένα μικρό πάρκο

☐ 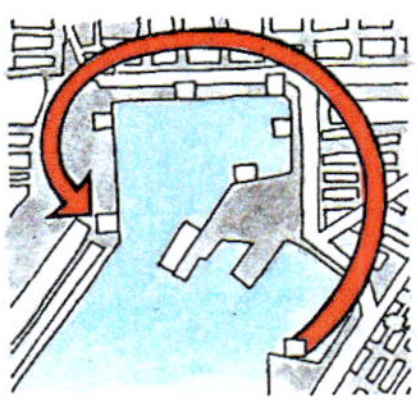
γύρω από το λιμάνι

γ Με άλλα λόγια. Wie kann man es anders ausdrücken? Notieren Sie Wendungen aus dem Dialog und ergänzen Sie anschließend die Tabelle.

- Με συγχωρείτε, μία ερώτηση!
- Ναι;
- Εδώ δεν είναι το λιμάνι; Μπορείτε να μου πείτε από πού φεύγει το πλοίο για την Ύδρα;
- Α, όχι. Κάνετε λάθος! Αυτό δεν είναι το λιμάνι. Αυτό εδώ είναι το Πασαλιμάνι. Από 'δω δεν φεύγουν πλοία.
- Και το λιμάνι είναι μακριά από 'δω;
- Όχι πολύ. Λοιπόν, το καφέ εκεί, το βλέπετε; Θα στρίψετε πίσω απ' το καφέ αριστερά στην Οδό Μπουμπουλίνας. Ακολουθείτε την Μπουμπουλίνας για περίπου πεντακόσια μέτρα μέχρι το λιμάνι. Εκεί θα δείτε την Πύλη Ε9. Θα πάτε γύρω απ' το λιμάνι, δηλαδή τη Μιαούλη δεξιά. Θα περάσετε δίπλα από ένα μικρό πάρκο. Περνάτε το πάρκο και στρίβετε αριστερά στην Ποσειδώνος. Η Ποσειδώνος κάνει λίγο μια στροφή δεξιά. Όλο ευθεία, ευθεία, ευθεία. Θα δείτε δεξιά σας το σταθμό του ηλεκτρικού. Μπροστά απ' το σταθμό είναι το λιμάνι, δηλαδή η Πύλη Ε6, αλλά εσείς θέλετε σίγουρα την Πύλη Ε2. Η Ε2 είναι απέναντι απ' την Πύλη Ε6. Εντάξει;
- Εντάξει; Καθόλου εντάξει! Εσείς ταξιτζής δεν είστε; Μπορείτε να με πάτε εσείς;
- Άντε καλά! Πάμε!

1. Συγνώμη, μία ερώτηση. ______
2. Ξέρετε από πού φεύγει το πλοίο; ______
3. Θα πάτε πίσω από το καφέ αριστερά. ______
4. Πάτε ευθεία τη Μπουμπουλίνας μέχρι το λιμάνι. ______
5. Μετά από το πάρκο πάτε αριστερά. ______
6. Η Ποσειδώνος πάει λίγο δεξιά. ______
7. Εντάξει! ______

στρίβ**ω**	(εσείς) στρίβ______	θα / να στρί______
περν**άω**	(εσείς) περν______	θα / να περ______
ακολουθ**ώ**	(εσείς) ακολουθ______	θα / να ακολουθήσετε

δ Διαβάστε και κάντε ένα σκίτσο. Einer liest die Wegbeschreibung des Taxifahrers vor und der andere versucht, bei geschlossenem Buch eine Skizze dazu anzufertigen.

AB 6-8

μπορείτε ______ μου π______ ...;

Ορίστε; Δεν κατάλαβα καλά.
Μπορείτε να το πείτε ξανά;
Λίγο πιο αργά, παρακαλώ.

4 Απ’ το λιμάνι στην Ακρόπολη...

α Διαβάστε και ταιριάξτε.
Lesen Sie und ordnen Sie die Einträge im Internet-Forum chronologisch.

☐ Ο/Η Δήμητρα λέει:
Η μπλε και η κόκκινη γραμμή είναι γραμμές του μετρό. Η πράσινη γραμμή δεν είναι του μετρό. Είναι ο ηλεκτρικός. Το εισιτήριο κοστίζει 1,40 €. Εισιτήρια έχει σε περίπτερα και στις στάσεις του μετρό. Στις στάσεις έχει συνήθως και αυτόματα.

☐ Δευτέρα, 16 Μαρτίου
Το Σάββατο θα είμαι για λίγες ώρες στο λιμάνι του Πειραιά και θέλω να δω την Ακρόπολη. Πώς μπορώ να πάω από το λιμάνι στην Ακρόπολη;

Ο/Η Billy 2 μέρες πριν

πρέπει ___ πάρω

☐ Ο/Η Billy λέει:
Ευχαριστώ, Δήμητρα. Να 'σαι καλά! Αλλά και κάτι άλλο: Τι εισιτήριο πρέπει να πάρω;

η στάση – οι στάσ___

☐ 3 σχόλια
Ο/Η Δήμητρα λέει:
Απ’ το λιμάνι στην Ακρόπολη; Κανένα πρόβλημα! Μπορείς να πάρεις το μετρό. Είναι πολύ εύκολο. Από τον Πειραιά πρέπει να πάρεις τον ηλεκτρικό, την πράσινη γραμμή (Γραμμή 1) μέχρι το Μοναστηράκι. Εκεί μπαίνεις στο μετρό, στην μπλε γραμμή (Γραμμή 3) για μία στάση. Στο Σύνταγμα αλλάζεις πάλι γραμμή και μπαίνεις στην κόκκινη γραμμή (Γραμμή 2). (Αν δεν θέλεις, δεν πρέπει να αλλάξεις γραμμή. Η Ακρόπολη είναι κοντά.) Η επόμενη στάση είναι η Ακρόπολη. Βγαίνεις και είσαι ακριβώς στο Μουσείο Ακρόπολης.

αλλάζω – θα / να αλλά___

β Διαβάστε ξανά και βάλτε ένα Χ.
Lesen Sie erneut und kreuzen Sie an:
Welche Linie gehört nicht zur „Metro“?

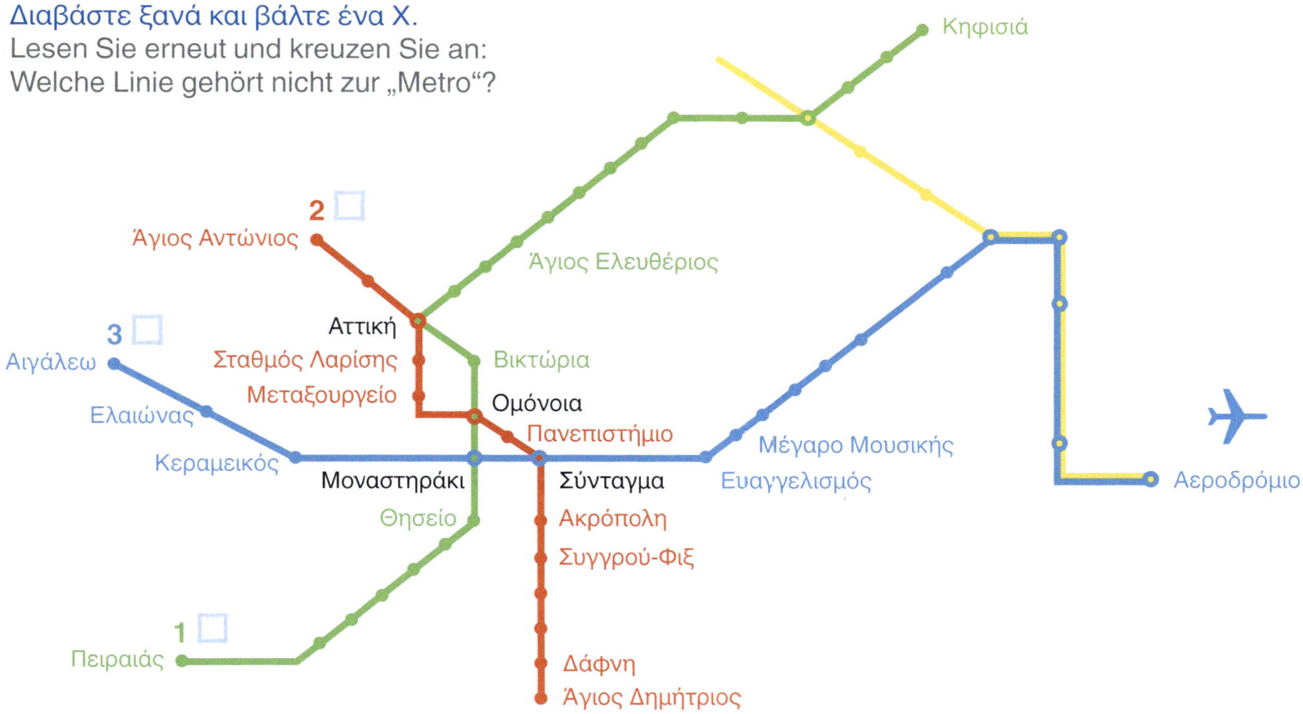

γ Υπογραμμίστε και μιλήστε. Unterstreichen Sie alle Ausdrücke im Text, die Sie für eine Wegbeschreibung brauchen. Stellen Sie dann Fragen wie „Billy“ in 4α und antworten Sie.

AB 9-11

1

5 Τι σχέδια έχετε απόψε;

α Ταιριάξτε και σημειώστε. Was bedeuten die Abkürzungen? Ordnen Sie zu und notieren Sie das ganze Wort.

1. μεσημ. όρος ______________________
2. Απόγ. υ ______________________
3. Βράδ. έρι ______________________
4. Λεωφ. ητικό ______________________
5. φοιτ. ευμα ______________________

β Κείμενο και εικόνα. Text und Bild: Was passt zusammen?

1 ☐

2 ☐

3 ☐

4 ☐

A

Παραδοσιακοί χοροί από το Θέατρο Ελληνικών Χορών «Δόρα Στράτου»

Χοροί και τραγούδια απ' όλη την Ελλάδα, με ζωντανή μουσική. Το πρόγραμμα αλλάζει κάθε Τρίτη.

Κηποθέατρο «Δόρα Στράτου»
Λόφος Φιλοπάππου
ΩΡΕΣ ΠΑΡΑΣΤΑΣΕΩΝ
Τετάρτη έως Παρασκευή 9.30 μ.μ.
Σάββατο και Κυριακή 8.15 μ.μ.
€ 15

Γ

ΦΙΛΑΡΜΟΝΙΚΗ ΑΘΗΝΩΝ

Σ' ένα πρόγραμμα με μελωδίες του Θεοδωράκη και του Χατζιδάκη.

Τεχνολογικό Πολιτιστικό Πάρκο Λαυρίου
Λεωφόρος Αθηνών-Λαυρίου
Στις 9 μ.μ. Είσοδος ελεύθερη

Β

Ο Δρόμος

Σπετσών 11, Γλυφάδα
Ελληνική κουζίνα
Πέμ., Παρ.,
Σάβ. βράδυ & Κυρ. μεσημ.
Ζωντανή μουσική
Μενού € 14-18.

Δ

ΜΙΑ ΤΣΑΝΤΑ... ΑΧ ΜΙΑ ΤΣΑΝΤΑ

Κωμωδία του Γιώργου Αλεξάνδρου με το Γ. Ηλιόπουλο, Ν. Παλληκαράκη, Κ. Ζαχάρωφ και τη Χρ. Παππά.

Ένας άντρας παίρνει από ένα λάθος μια τσάντα με 10.000 ευρώ. Το δίλημμα είναι μεγάλο: θα τη δώσει στην αστυνομία ή όχι;

Λεωφ. Αλεξάνδρας 36, Πεδίον Άρεως
Απόγ: Σάβ. 6.45 μ.μ. Βράδ: Τετ.-Κυρ. 9.30 μ.μ.
€ 24, φοιτ.: € 15

γ Διαβάστε και ταιριάξτε. Ordnen Sie Veranstaltungshinweise (aus 5β) und die folgenden Personenbeschreibungen einander zu. Wer „geht leer aus"?

1. ☐ Η Μπριγκίτε και ο Μίχαελ κάνουν συχνά διακοπές στην Ελλάδα. Φέτος θα πάνε στην Αθήνα. Τους αρέσει πολύ η ιστορία της Ελλάδας και τρελαίνονται για ελληνικούς χορούς.
2. ☐ Του Στάθη του αρέσει πολύ το θέατρο. Τη Δευτέρα και την Τρίτη θα είναι στην Αθήνα.
3. ☐ Η Παναγιώτα την Κυριακή έχει τα γενέθλιά της. Θέλει να γιορτάσει με τις φίλες της. Θέλουν να πάνε για φαγητό το μεσημέρι και να χορέψουν.
4. ☐ Η Ελένη είναι μουσικός στο Πανεπιστήμιο. Της αρέσει πολύ η κλασική μουσική αλλά και η ελληνική.

δ Κι εσείς; Μιλήστε μεταξύ σας. Und Sie? Welche Veranstaltung würde Sie interessieren?

AB 12

Εμένα μου αρέσει πολύ... και θα ήθελα να πάω...
Εμένα δεν μου αρέσει πολύ... Προτιμάω...
Εγώ θέλω να πάω...

6 Πρέπει να κάνουμε κράτηση;

3

α Ακούστε και σημειώστε. Hören Sie das Telefongespräch und notieren Sie, wo Frau Koutsou anruft.

▸ ________________ Απόλλωνας, καλησπέρα σας!

β Συμπληρώστε και ακούστε ξανά. Ergänzen Sie und hören Sie dann noch einmal zur Kontrolle.

Τι ώρα πρέπει να είμαστε εκεί; ■ Μπορείτε να μου πείτε ■ Έχει και φοιτητικά εισιτήρια; Για δύο άτομα ■ Πόσο κοστίζουν τα εισιτήρια; ■ Πρέπει να κάνουμε κράτηση;

● Γεια σας. ________________ (1) πότε έχετε παράσταση;
▸ Βέβαια. Από την Τετάρτη μέχρι την Κυριακή στις 9.30 και τα Σάββατα ακόμη μία παράσταση στις 6.45.
● Ωραία! ________________ (2)
▸ Όχι, δεν πρέπει. Αλλά αν θέλετε, μπορείτε να κάνετε κράτηση τώρα.
● Εντάξει. ________________ (3), παρακαλώ, για την Τετάρτη. Κουτσού με λένε. ________________ (4)
▸ 24 ευρώ το άτομο.
● ________________ (5)
▸ Ναι, για 15 ευρώ το άτομο.
● Εντάξει, δύο φοιτητικά τότε. ________________ (6)
▸ Μισή ώρα νωρίτερα.
● Ευχαριστώ, γεια σας!

γ Κάντε διάλογο. Spielen Sie ein ähnliches Telefonat, in dem Sie Karten für eine andere Veranstaltung reservieren.

AB 13

7 Το ποδήλατο και η πόλη

α Σημειώστε. Sehen Sie sich Plakat und Text an und ordnen Sie zu: Worum handelt es sich jeweils?

☐ Aufruf einer Athener Bürgerinitiative ☐ Werbung für eine Insel

β Ταιριάξτε. Ordnen Sie zu: Zu welchen Abschnitten passen die Zusammenfassungen?

1. Πώς θα πάτε στον Πόρο;
2. Ο Πόρος έχει τουρισμό με ποδήλατα.
3. Φύση, ιστορία και αρχιτεκτονική.
4. Γιατί είναι καλό το ποδήλατο;

ΠΟΔΗΛΑΤΑΔΑ ΣΤΟΝ ΠΟΡΟ

A

☐ Αν δεν θέλετε να είστε όλη τη μέρα στην παραλία και να κάνετε μόνο ηλιοθεραπεία, πρέπει να πάτε στον Πόρο! Είναι το ιδανικό νησί για βαρκάδα, ρομαντζάδα και για... ποδηλατάδα! Στον Πόρο θα δείτε ποδήλατα παντού: ποδήλατα στο δρόμο, ποδήλατα στην παραλία, στην πόλη, στο βουνό, στο δάσος...

☐ Και ξέρετε γιατί θα δείτε ποδήλατα παντού; Γιατί ο κόσμος ξέρει: το ποδήλατο είναι καλό, όταν έχουμε στρες, δεν κάνει κακό στη φύση, είναι οικονομικό και μας κάνει και νιώθουμε πάλι παιδιά!

☐ Ελάτε με το ποδήλατο κοντά στη φύση και θα δείτε χωριά, θα πιείτε νερό σε φυσικές πηγές, θα συναντήσετε μικρά εκκλησάκια και μουσεία. Θα βρείτε για παράδειγμα το Μοναστήρι της Ζωοδόχου Πηγής από το 1720, θα δείτε το Ναό του Ποσειδώνα και τη Βίλα Γαλήνη από το 1892.

☐ Ο Πόρος είναι 2 ώρες και 15 λεπτά μακριά από το λιμάνι του Πειραιά με το Ferry Boat και μπορείτε έτσι να πάρετε το αυτοκίνητό σας ή και το ποδήλατό σας μαζί στο νησί. Αν έρχεστε χωρίς αυτοκίνητο και χωρίς ποδήλατο, τότε το Flying Dolphin θα σας φέρει σε μόνο μία ώρα στον Πόρο. Και τα Ferry Boats και τα Flying Dolphin αναχωρούν καθημερινά από τον Πειραιά.

B

γ Κοιτάξτε και γράψτε.
Suchen Sie im Text Wörter derselben Wortfamilie.

1. ποδήλατο ______________________
2. βάρκα ______________________
3. φυσικά ______________________
4. ρομαντικός ______________________
5. οικονομία ______________________

δ Μιλήστε μεταξύ σας. Unterhalten Sie sich.

Κι εσείς; Έχετε ποδήλατο;
Σας αρέσει να κάνετε ποδήλατο;
Πού πάτε με το ποδήλατο, με το λεωφορείο, με το μετρό, με το αυτοκίνητο, με τα πόδια;

Με δυο λόγια Kurz gesagt

Εκφράσεις Wichtige Ausdrücke

Πού ήσουν το καλοκαίρι;
Ήμουν στην Ιταλία.
Ήταν τέλεια / έτσι κι έτσι / καθόλου καλά / χάλια.

Με συγχωρείτε, μία ερώτηση!
Συγνώμη, μπορείτε να μου πείτε...

Ορίστε; Δεν κατάλαβα καλά, μπορείτε να το πείτε ξανά;
Λίγο πιο αργά, παρακαλώ.

Θα στρίψετε αριστερά / δεξιά.
Πάτε όλο ευθεία, περνάτε το πάρκο και ακολουθείτε την οδό μέχρι το λιμάνι.

Πρέπει να πάρεις τον ηλεκτρικό μέχρι...
Εκεί μπαίνεις στο μετρό για μία στάση.
Μετά αλλάζεις γραμμή και μπαίνεις στην...
Το εισιτήριο κοστίζει 1,40 €.

Πρέπει να κάνουμε κράτηση;
Τι ώρα πρέπει να είμαστε εκεί;
Έχει και φοιτητικά εισιτήρια;
Για δύο άτομα, παρακαλώ, για το Σάββατο.

Γραμματική Grammatik

Vergangenheit von *είμαι* → GR 11.2.3

ήμουν
ήσουν
ήταν
ήμασταν
ήσασταν
ήταν

2. Verbstamm bei Verben auf *-εύω, -ίβω, -άφω* → GR 11.2.1

ταξιδε**ύ**ω	θα / να ταξιδέ**ψ**ω
χορε**ύ**ω	θα / να χορέ**ψ**ω
στρί**β**ω	θα / να στρί**ψ**ω
γρά**φ**ω	θα / να γρά**ψ**ω

Verben auf *-ώ* (Typ B2) → GR 11.2.3

μπορ**ώ**
μπορ**είς**
μπορ**εί**
μπορ**ούμε**
μπορ**είτε**
μπορ**ούν**

Ortsangaben → GR 10.3

απέναντι από, δίπλα από, γύρω από, μπροστά από, πίσω από

πρέπει να... (+Υποτακτική) → GR 11.1.3

πρέπει να πάρω
πρέπει να αλλάξεις

Plural auf *-εις* → GR 3.5

Singular	**η**	στά<u>σ</u>**η**
Plural	**οι**	στά<u>σ</u>**εις**

Μπορώ... Ich kann ...

	ich	___	Aufgabe
... Vermutungen darüber äußern, woher etwas ist.	☺	☺	1
... sagen, wo ich im Urlaub war und wie es war.	☺	☺	1, 2
... jemanden auf der Straße ansprechen und auf mich aufmerksam machen.	☺	☺	3
... jemanden bitten, langsamer zu sprechen bzw. zu wiederholen.	☺	☺	3
... einer Wegbeschreibung folgen.	☺	☺	3, 4
... Fahrtmöglichkeiten für öffentliche Verkehrsmittel erfragen.	☺	☺	4
... wichtige Informationen zu Veranstaltungen erkennen.	☺	☺	5
... Karten für eine Veranstaltung reservieren bzw. kaufen.	☺	☺	6

2 Πώς περάσατε;

eine Speisekarte verstehen ‖ Gerichte umschreiben ‖ im Restaurant bestellen ‖ Zusatzwünsche äußern ‖ sich zuprosten und „guten Appetit" wünschen ‖ über vergangene Ereignisse sprechen ‖ Ernährungsgewohnheiten beschreiben ‖ Prozentangaben machen

1 Από θαλασσινά, τι έχετε;

α Συμπληρώστε. Ergänzen Sie die Überschriften in der Speisekarte.

Σαλάτες ▪ Φρούτα ▪ Κρέατα ▪ ~~Ορεκτικά~~ ▪ Ψάρια / Θαλασσινά ▪ Μαγειρευτά

Ορεκτικά

τζατζίκι ______
τυροσαλάτα ______
χταπόδι ______
λουκάνικα ______
μεζέδες (ποικιλία) ______

____

χωριάτικη ______
ντοματοσαλάτα ______
χόρτα ______
του σεφ ______

____

καλαμαράκια ______
γαύρος ______
μπαρμπούνια ______

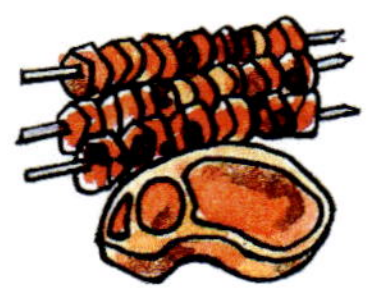

____

μπριζόλα χοιρινή ______
μπιφτέκι ______
σουβλάκι ______
κοτόπουλο στο φούρνο ______
κεφτέδες ______

____

γεμιστά ______
μουσακάς ______
ιμάμ μπαϊλντί ______
παστίτσιο ______

____

καρπούζι ______
πεπόνι ______
σταφύλια ______

4 **β** Ακούστε και σημειώστε. Hören Sie und markieren Sie auf der Karte, was es nicht gibt.

γ Ακούστε ξανά και συμπληρώστε. Hören Sie noch einmal und ergänzen Sie die Erklärung.

Το «ιμάμ μπαϊλντί» είναι ένα φαγητό με μελιτζάνες, ______________ και σκόρδο.
Είναι χωρίς ______________. Το κάνουμε στο ______________.
Είναι με ______________ και το τρώμε συνήθως με ______________. Είναι πολύ νόστιμο!

δ Διαβάστε και συμπληρώστε. Ergänzen Sie die passenden Gerichte von der Speisekarte links.

1. Τα ______________ είναι σαν το σπανάκι και τα βράζουμε στην κατσαρόλα. Τα τρώμε κρύα με λάδι και λεμόνι ή ξίδι.
2. Ο ______________ είναι ένα μικρό ψάρι. Τον κάνουμε στο τηγάνι. Δεν είναι πολύ ακριβός και είναι πολύ νόστιμος.
3. Το ______________ έχει οχτώ πόδια. Συνήθως το κάνουμε στα κάρβουνα ή το βράζουμε. Το τρώμε ζεστό, αλλά για ορεκτικό το σερβίρουμε κρύο με λάδι, ξίδι και ρίγανη.

στο τηγάνι

στα κάρβουνα

στο φουρνο

στην κατσαρόλα

AB 1-5 **ε** Μιλήστε μεταξύ σας. Umschreiben Sie ein Gericht von der Speisekarte. Die anderen versuchen, es zu erraten.

Είναι ψάρι / κρέας / φρούτο...
Το τρώμε συνήθως ζεστό / κρύο με...
Το κάνουμε στο φούρνο / στα κάρβουνα / στο τηγάνι...

ζεστός, -ή, -ό
κρύος, **-α**, -ο

2 Θα μας φέρετε μία μερίδα;

α Διαβάστε και συμπληρώστε. Lesen Sie und ergänzen Sie den Dialog. Was sagen die Gäste?

Εντάξει, κι ένα καραφάκι κρασί. ■ Είναι σε μπουκάλι ή χύμα;
Θα πάρουμε και μία μερίδα πατάτες και μία χωριάτικη, αλλά χωρίς ρίγανη αν γίνεται.
Ναι. Λοιπόν, θα μας φέρετε μία μερίδα μπαρμπούνια και μία μερίδα γαύρο...
Όχι, όχι, μισό λίτρο φτάνει. Κι ένα μπουκάλι νερό. Αυτά! ■ Τι κρασιά έχετε;

- Είστε έτοιμοι; Ξέρετε τι θέλετε;
- ______________________________ (1)
- Μία μπαρμπούνια, μία γαύρο. Τι άλλο;
- ______________________________ (2)
- Βέβαια! Κι από ποτά; Μπίρα ή κρασάκι;
- ______________________________ (3)
- Έχουμε ένα πολύ καλό λευκό κρασί. Από 'δω.
- ______________________________ (4)
- Χύμα.
- ______________________________ (5)
- Λίτρο;
- ______________________________ (6)
- Λοιπόν, έχω εδώ μία μπαρμπούνια, μία γαύρο, μία πατάτες, μία χωριάτικη χωρίς ρίγανη, και από ποτά, το κρασάκι κι ένα νερό. Ευχαριστώ πολύ.

β Πώς το λένε στα ελληνικά; Wie würde man sagen, wenn man für eine Person alleine bestellt?

1. θα μας φέρετε → ______________________________
2. θα πάρουμε → ______________________________

μία (μερίδα) πατάτες
μία (μερίδα) γαύρο

φέρνω – θα / να φέρω

AB 6-7 **γ** Παίξτε στην τάξη. Spielen Sie Bestelldialoge in der Gruppe.

3 Μπορείτε να μας φέρετε λίγο ψωμί ακόμη;

α Ταιριάξτε. Ordnen Sie zu.

- [ ] λάδι και ξίδι
- [ ] χαρτοπετσέτες, αλάτι και πιπέρι κι οδοντογλυφίδες
- [ ] πιάτο
- [ ] κουτάλι και κουταλάκι
- [ ] μαχαίρι και πιρούνι

β Κοιτάξτε και σημειώστε. Sehen Sie sich das Bild an – welche der folgenden Sätze sagen die Personen gerade? Notieren Sie die Nummern.

- [ ] Μπορείτε να μας φέρετε λίγο ψωμί ακόμη;
- [ ] Μου φέρνετε ένα πιρούνι, παρακαλώ;
- [ ] Μας φέρνετε τον κατάλογο, παρακαλώ;
- [ ] Συγνώμη, λείπει το λάδι και το ξίδι.
- [ ] Γεια μας!
- [ ] Το λογαριασμό, παρακαλώ!
- [ ] Μήπως έχετε αλάτι και πιπέρι;
- [ ] Καλή όρεξη!

γ Παίξτε στην τάξη. Einer stellt eine Aufforderung an den Kellner pantomimisch dar. Die anderen erraten, welche Äußerung gemeint war.

δ Σημειώστε. Sehen Sie die Sätze aus 3β an und notieren Sie: Wie kann man eine Aufforderung höflich ausdrücken?

AB 8-10 Μπορείτε να ______

4 Διασκεδάσαμε όλη τη νύχτα.

α Διαβάστε και κοιτάξτε την εικόνα. Lesen Sie und vergleichen Sie mit Seite 16: Passt das Bild zu Tanjas Beschreibung oder nicht? Warum?

Η Τάνια γράφει ότι...
Στην εικόνα όμως...

Καλημέρα Ελένη,
πού ήσουν χθες το βράδυ; Γιατί δεν ήσουν στη γιορτή του Κώστα;
Ήμασταν 10 άτομα σε μια ταβέρνα, λίγο πιο έξω απ' την Πάτρα, στη θάλασσα. Ήταν πολύ ωραία! Τέλειο φαγητό και ζωντανή μουσική!
Διασκεδάσαμε όλη τη νύχτα και ο Κώστας χόρεψε τσιφτετέλι στο τραπέζι! Στο τέλος μας κέρασε ο ταβερνιάρης ένα ούζο και χόρεψαν κι ο Στέφαν με το Μίχαελ! Γνώρισα και τους γονείς του Κώστα.
Είναι πολύ καλοί.
Εσύ, τι ώρα γύρισες; Ήσουν με το Μάρκο; Πώς περάσατε;
Τα λέμε το βράδυ! Φιλιά
Τάνια
Μπορείς να πας εσύ για ψώνια σήμερα;

β Συμπληρώστε. Sehen Sie sich die Notiz erneut an und ergänzen Sie die Vergangenheitsformen.

γνωρίζ**ω**	θα γνωρίσ**ω**	______
γυρίζ**εις**	θα γυρίσ**εις**	______
κερν**άει**	θα κεράσ**ει**	______
διασκεδάζ**ουμε**	θα διασκεδάσ**ουμε**	______
περν**άτε**	θα περάσ**ετε**	περάσατε
χορεύ**ουν**	θα χορέψ**ουν**	______

In der Vergangenheit wird das Verb auf der
- ☐ letzten
- ☐ vorletzten
- ☐ drittletzten

Silbe betont.

γ Αλυσίδα. Kettenübung: Wer hat was gemacht?

AB 11-13

γνωρίζω (ποιον) ■ ταξιδεύω (πού)
αγοράζω (τι) ■ διαβάζω (τι)
γυρίζω (πότε) ■ χορεύω (με ποιον)
γιορτάζω (πώς)

Χθες γνώρισα τον Κώστα. Εσύ, ποιον γνώρισες;
Η Έλκε γνώρισε τον Κώστα, εγώ γνώρισα τη Μαρία, κι εσύ, ...;

5 Και το έφαγες;

5 **α** Ακούστε και βάλτε ένα Χ. Hören Sie und kreuzen Sie an.

1. Ο Παντελής μιλάει στο τηλέφωνο με...
   ☐ τη μαμά του. ☐ μια κοπέλα Γερμανίδα. ☐ την αδερφή του.
2. Είναι...
   ☐ στη Γερμανία. ☐ στην Ελλάδα. ☐ στην Αυστρία.
3. Μιλάνε...
   ☐ για το φαγητό και το τσιγάρο. ☐ για μπίρα και e-mail. ☐ για το ταξίδι και το δωμάτιο.

β Συμπληρώστε και ακούστε.
Ergänzen Sie die Wendungen und überprüfen Sie Ihre Lösung beim zweiten Hören.

Πλάκα μου κάνεις! ■ Ωραία, ωραία! ■ Α, λοιπόν, ακούω! ■ Αλήθεια; ■ Όχι βέβαια.

- Ναι;
- Έλα, Αλεξάνδρα. Ο Παντελής είμαι.
- Γεια σου, Παντελή μου! Τι κάνεις; Πώς περνάει ο αδερφούλης μου στη Γερμανία;
- ________________ (1) Σου έγραψα ένα e-mail χθες. Δεν το διάβασες;
- Όχι, δεν τα διάβασα τα e-mail μου ακόμη. Τι μου έγραψες;
- Ήμασταν για φαγητό σε μια γερμανική μπιραρία με τον Κλάους και φάγαμε «Himmel un Äd». Ξέρεις τι είναι;
- ________________ (2)
- Είναι κάτι σαν πατατοκεφτέδες με μους μήλου και λουκάνικα.
- Μους μήλου με κρέας; ________________ ________________ (3) Και το έφαγες;
- Ναι, το έφαγα και ήταν πολύ νόστιμο. Αλλά είχα κι εδώ πρόβλημα με το τσιγάρο.
- ________________ (4) Δεν καπνίζουν στην μπιραρία;
- Όχι βέβαια! Αλλά ξέρεις τι κάνουν εδώ; Μου έδωσαν μία κουβέρτα και έξω είχε κι άλλα άτομα με κουβέρτα και τσιγάρο. Είχε πλάκα! Έτσι γνώρισα μια πολύ καλή και όμορφη κοπέλα Γερμανίδα και της έδωσα το τηλέφωνό μου!
- ________________ (5) Και μετά;

γ Σωστό (Σ) ή λάθος (Λ); Richtig oder falsch?

1. Ο Παντελής και ο Κλάους έγραψαν ένα e-mail στην Αλεξάνδρα. ☐
2. Ο Παντελής ήταν σε μια μπιραρία κι έφαγε ένα σνίτσελ. ☐
3. Του Παντελή τού άρεσε το φαγητό. ☐
4. Μετά το φαγητό ο Παντελής κάπνισε ένα τσιγάρο μέσα στην μπιραρία. ☐
5. Ο Παντελής γνώρισε μία κοπέλα Γερμανίδα. ☐
6. Η κοπέλα είχε το τηλέφωνό του. ☐

έχει – είχε

δ Κοιτάξτε και συμπληρώστε. Sehen Sie sich die Vergangenheitsformen an und ergänzen Sie.

________________	γράψαμε
________________	γράψατε
έγραψε	________________

Wenn das Verb in der Vergangenheit über keine drittletzte Silbe verfügt, dann tritt an den Wortanfang ein ______, das die Betonung trägt.

AB 14-15

ε Γράψτε και μιλήστε. Notieren Sie alle Verben, die Sie in der Vergangenheitsform kennen. Was davon haben Sie gestern gemacht? Berichten Sie sich gegenseitig davon.

Τι έκανες χθες;
Διάβασα εφημερίδα.

6 Τρώνε και πολλά λουκάνικα!

α Διαβάστε και ταιριάξτε. Lesen Sie die Internet-Beiträge. An welchen Stellen passen die Symbole?

Παντελής Λαμπρούδης: Είμαι στη Γερμανία και τρώω πολύ! Οι Γερμανοί αρχίζουν το πρωί και κάνουν ένα μεγάλο πρωινό με ψωμάκια και πολύ βούτυρο. Τρώνε και πολλά λουκάνικα! Λουκάνικα για πρωινό, για μεσημεριανό, για βραδινό. Πίνουν και πολλή μπίρα. Πολλοί Γερμανοί πίνουν και πολύ καφέ. Αλλά ο πολύς καφές δεν κάνει καλό!!

2 ώρες πριν · Σχολιάστε · Μου αρέσει

Ines Paulsen lol!!!
Έχεις πλάκα! Εγώ είμαι στην Ελλάδα και τρώω σαν τους Έλληνες: τίποτα το πρωί, αλλά πολύ το βράδυ! Πολλές φορές τρώω ακόμη και τη νύχτα! Πολύ κρέας: σουβλάκια, μπιφτέκια, μπριζόλες (λίγα λουκάνικα), αλλά και πολλά ψάρια. Πολλά γλυκά, αλλά και πολλά φρούτα!

πριν από 33 λεπτά · Μου αρέσει

Γράψτε ένα σχόλιο...

β Διαβάστε και συμπληρώστε. Lesen Sie erneut und ergänzen Sie die Formen von *πολύς*.

Τρώω _πολύ_.

Είναι ______ καφές. / Πίνω ______ καφέ.	Είναι / πίνω ______ μπίρα.	Είναι / τρώω ______ κρέας.
Είναι ______ Γερμανοί. / Ξέρω πολλ**ούς** Γερμανούς.	Είναι / ξέρω πολλ**ές** Γερμανίδες.	Είναι / τρώω ______ λουκάνικα.

γ Σχεδιάστε έναν πίνακα. Entwerfen Sie eine entsprechende Tabelle für die Formen von *λίγος*.

λίγος ▪ λίγο ▪ λίγη ▪ λίγα ▪ λίγες ▪ λίγοι ▪ λίγους

AB 16 **δ** Κι εσείς; Was und wie essen Sie? Schreiben Sie einen Kommentar zu den Beiträgen in 6α.

7 Πού τρώτε συνήθως;

α Ταιριάξτε και μιλήστε.
Ordnen Sie die Bilder den Gastronomie-Betrieben zu und sprechen Sie dann über die Grafik.

1 

5 

2 

6 

3 

7 

4 

8 

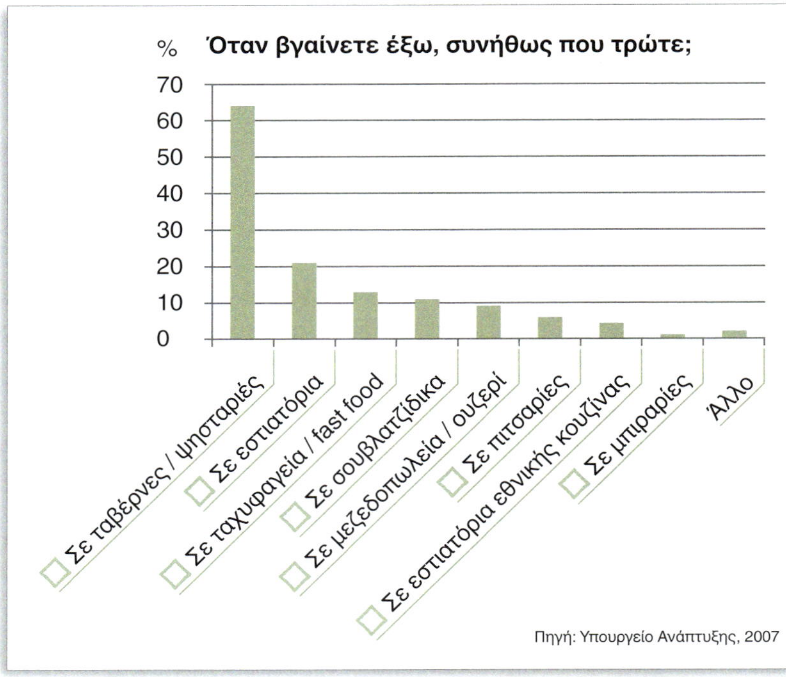

Λίγοι / μερικοί / πολλοί / πάρα πολλοί Έλληνες τρώνε σε...
64% (τοις / τα εκατό) τρώνε σε ταβέρνες.

β Διαβάστε και σημειώστε. Lesen Sie und notieren Sie. Wo kann man die folgenden Speisen essen?

1. μεζέδες με ούζο ______
2. γαύρος ______
3. σουβλάκι ή γύρος ______
4. τσοπ σούι ______

Όταν οι Έλληνες τρώνε έξω, πού πάνε; Η απόφαση δεν είναι εύκολη, γιατί έχεις πολλές επιλογές. Παίζει ρόλο και η ώρα και η μέρα και η παρέα!

Πότε πάμε σε εστιατόριο, πότε σε ταβέρνα και πότε σε ταχυφαγείο; Και τι θέλουμε να φάμε;

Στις ταβέρνες θα βρούμε κρέατα, ψάρια και σαλάτες. Αν θέλουμε να τσιμπολογήσουμε μόνο, δηλαδή να πιούμε ένα ουζάκι και να φάμε μεζέδες, τότε μπορούμε να πάμε σε ένα ουζερί. Στις μεγάλες πόλεις θα βρούμε και εστιατόρια εθνικής κουζίνας, δηλαδή κινέζικα, ιταλικά και άλλα. Αλλά το αγαπημένο φαγητό του Έλληνα είναι το σουβλάκι. Έτσι στην Ελλάδα υπάρχουν παντού σουβλατζίδικα. Το σουβλάκι το τρώμε εκεί ή το παίρνουμε πακέτο. Καλή όρεξη!

γ Συμπληρώστε. Ergänzen Sie: Was könnten die neuen Wörter heißen?

Η **απόφαση** δεν είναι εύκολη, γιατί έχεις πολλές **επιλογές**.

Die ______ ist nicht leicht, weil man viele ______**möglichkeiten** hat.

δ Στατιστική.
Erstellen Sie selbst eine Kurs-Statistik.

Πού και πότε τρώτε έξω;
Πού πάτε συνήθως για φαγητό στην Ελλάδα;

Με δυο λόγια   Kurz gesagt

Εκφράσεις   Wichtige Ausdrücke

Είναι ψάρι / κρέας / φρούτο.
Το τρώμε συνήθως ζεστό / κρύο με ψωμί.
Το κάνουμε στα κάρβουνα / στο τηγάνι.

Θα πάρουμε / Θα πάρω μία μερίδα.
Θα μας φέρετε μισό κιλό κρασί;
Μία σαλάτα, παρακαλώ, αλλά χωρίς κρεμμύδι.

Μήπως έχετε χαρτοπετσέτες;
Συγνώμη, λείπει το αλάτι.
Μπορείτε να μας φέρετε λίγο ψωμί ακόμη;

Γεια μας! Καλή όρεξη!

Τι έκανες χθες;
Διάβασα εφημερίδα.
Είχα μάθημα.
Ήμασταν σε μια ταβέρνα.
Περάσαμε ωραία.

Δεν πίνω πολύ καφέ.
Πίνω πολλή κόκα κόλα.
Δεν τρώω πολλά γλυκά.

64% (τοις / τα εκατό) τρώνε σε ταβέρνες.

Γραμματική   Grammatik

Adjektive auf *-ος, -α, -ο* → GR 5.1.2

Nominativ	Η μπίρα είναι κρύ**α**.
Akkusativ	Την πίνουμε κρύ**α**.

Adjektiv *πολύς* → GR 5.1.4

Sing.	Nominativ	πολ**ύς**	πολλ**ή**	πολ**ύ**
	Akkusativ	πολ**ύ**		
Plural	Nominativ	πολλ**οί**	πολλ**ές**	πολλ**ά**
	Akkusativ	πολλ**ούς**		

Adverb

Τρώω **πολύ**.

Vergangenheit → GR 11.2

Aorist von Verben auf		
-ίζω, -άζω (Typ A)	*-εύω, -άφω* (Typ A)	*-νάω* (Typ B1)
γύρισ**α**	χόρεψ**α**	πέρασ**α**
γύρισ**ες**	χόρεψ**ες**	πέρασ**ες**
γύρισ**ε**	χόρεψ**ε**	πέρασ**ε**
γυρίσ**αμε**	χορέψ**αμε**	περάσ**αμε**
γυρίσ**ατε**	χορέψ**ατε**	περάσ**ατε**
γύρισ**αν**	χόρεψ**αν**	πέρασ**αν**

Aorist mit Augment *έ-*	
γράφω (Typ A)	*τρώω* (unregelmäßig)
έγραψ**α**	**έ**φαγ**α**
έγραψ**ες**	**έ**φαγ**ες**
έγραψ**ε**	**έ**φαγ**ε**
γράψ**αμε**	φάγ**αμε**
γράψ**ατε**	φάγ**ατε**
έγραψ**αν**	**έ**φαγ**αν**

Vergangenheit von
έχω (unregelmäßig)
είχα
είχες
είχε
είχαμε
είχατε
είχαν

Μπορώ... Ich kann ...

	ich	___	Aufgabe
... eine Speisekarte verstehen.			1
... Gerichte umschreiben.			1
... im Restaurant bestellen.			2
... im Restaurant Zusatzwünsche äußern.			3
... jemandem zuprosten und „guten Appetit" wünschen.			3
... über vergangene Ereignisse sprechen.			4, 5
... Ernährungsgewohnheiten beschreiben.			6, 7
... Prozentangaben machen.			7

3 Τι ψάχνετε;

nach Geschäften fragen ‖ erfragen, wo man etwas Bestimmtes finden kann ‖ Vermutungen äußern ‖ ein komplexeres Verkaufsgespräch führen ‖ Kleidung und Schuhe beschreiben ‖ Rat einholen und Empfehlungen geben ‖ den Preis verhandeln

1 Ψάχνω μία τράπεζα.

α Ταιριάξτε. Ordnen Sie zu und ergänzen Sie den Artikel der Wörter.

βενζινάδικο ▪ βιβλιοπωλείο ▪ ζαχαροπλαστείο ▪ ~~μαγαζί για ηλεκτρικά είδη~~
σούπερ μάρκετ ▪ ταχυδρομείο ▪ τράπεζα ▪ φαρμακείο ▪ φούρνος

1 

2 

3 

4 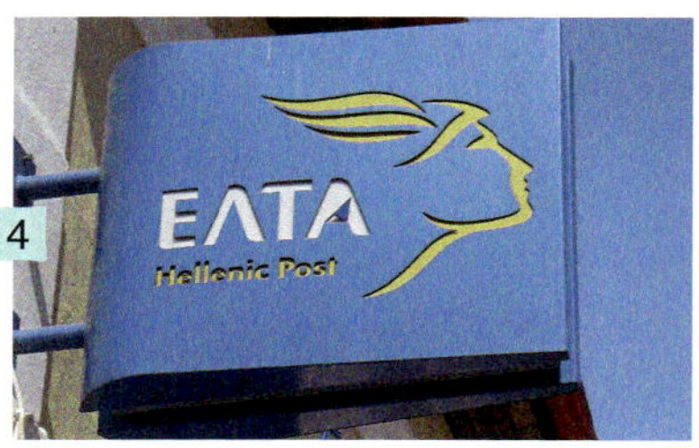

5 

6 

7 

8 

το μαγαζί για ηλεκτρικά είδη

9 

β Ρωτήστε και απαντήστε. Fragen und notieren Sie, wo man die folgenden Läden findet. Sie benutzen den Plan auf dieser Seite, Ihr Partner schlägt Seite 96 auf.

1. ταχυδρομείο;
2. φαρμακείο;
3. σούπερ μάρκετ;

Συγνώμη, ψάχνω ένα(ν) / μία ... εδώ κοντά;
Με συγχωρείτε, μήπως ξέρετε πού έχει ένα(ν) / μία ...;

... είναι δίπλα στο(ν) / στη(ν) ...
... είναι απέναντι από το(ν) / τη(ν) ...

AB 1-2

2 Πού μπορώ να βρω ασπιρίνες;

βρίσκω – θα / να βρω

α Ταιριάξτε. Ordnen Sie Fragen und Antworten einander zu.

1. Με συγχωρείτε, πού έχει εφημερίδες εδώ κοντά;
2. Συγνώμη, ψάχνω μία κάρτα μνήμης για τη φωτογραφική μηχανή μου.
3. Θέλω να αγοράσω φακέλους και γραμματόσημα.
4. Θέλω μια ασπιρίνη. Πού μπορώ να βρω ασπιρίνες;
5. Ξέρετε πού έχει μπαταρίες; Δεν βρίσκω πουθενά!

α) Φακέλους μπορεί να έχει στο βιβλιοπωλείο και γραμματόσημα έχει στο ταχυδρομείο.
β) Ίσως στον μπακάλη, αλλά σίγουρα έχει στο περίπτερο.
γ) Εφημερίδες θα βρείτε στο περίπτερο εδώ απέναντι.
δ) Μπορεί να έχει ο Γερμανός, αλλά σίγουρα θα βρείτε και στα Media Markt. Είναι και τα δύο μαγαζιά για ηλεκτρικά είδη.
ε) Και στο φαρμακείο και στο περίπτερο.

β Σημειώστε. Notieren Sie, wie man ...

... erfragen kann, wo es etwas gibt. ____________________

____

... eine Vermutung ausdrücken kann. ____________________

... ausdrückt, dass man sicher ist. ____________________

γ Ρωτήστε και απαντήστε. Befragen Sie sich gegenseitig wie in 2α.

παιδικό βιβλίο ■ γερμανική εφημερίδα ■ γαλακτομπούρεκο
καραμέλες για το λαιμό ■ χάρτης της Κέρκυρας
ελληνογερμανικό λεξικό ■ κάρτα SIM

AB 3-6

3 Τι νούμερο φοράτε;

α Ταιριάξτε και σημειώστε.
Ordnen Sie zu und notieren Sie.
Welche Beschreibung passt?

καφέ παπούτσια με τακούνι ■ πράσινες σαγιονάρες ■ κόκκινα σανδάλια με τακούνι
μαύρα σανδάλια χωρίς τακούνι

1. ____________________
2. ____________________
3. ____________________
4. ____________________

6

β Ακούστε και σημειώστε. Hören Sie und notieren Sie: Wofür entscheidet sich die Kundin?

μοντέλο: ____________________ χρώμα: ____________________

γ Υπογραμμίστε: Με άλλα λόγια. Wie kann man es anders ausdrücken? Unterstreichen Sie die entsprechenden Wendungen im Dialog und notieren Sie die Nummer.

Πωλητής / Πωλήτρια	Πελάτης / Πελάτισσα
1. Θέλετε βοήθεια;	8. Θα ήθελα σανδάλια για το καλοκαίρι.
2. Αυτά τα μαύρα, σας αρέσουν;	9. Αχ, πολύ ωραία!
3. Τι νούμερο έχετε;	10. Θα ήθελα να τα δοκιμάσω αν γίνεται.
4. Σίγουρα, υπάρχουν κι άλλα χρώματα.	11. Μήπως υπάρχει αυτό το μοντέλο και σε καφέ;
5. Είναι πολύ ωραίο στο πόδι σας.	12. Είναι ωραία επάνω μου, ε;
6. Μισό λεπτό...	13. Πόσο κοστίζουν;
7. Ελάτε στο ταμείο.	14. Ναι, τα θέλω.

- Γεια σας. Μπορώ να σας βοηθήσω; [1]
- Γεια σας. Ψάχνω σανδάλια για το καλοκαίρι. [8]
- Βέβαια! Εδώ έχουμε διάφορα μοντέλα. Κοιτάξτε. Ποια σας αρέσουν; Αυτά τα κόκκινα για παράδειγμα είναι πολύ ωραία; Τι λέτε;
- Ναι, ωραία είναι, αλλά δεν θέλω τακούνι. Δεν είναι άνετα με τακούνι.
- Μάλιστα, αυτά τα μαύρα, τι σας λένε; [ ]
- Αχ, πολύ όμορφα! Μπορώ να τα δοκιμάσω; [ ] [ ]
- Βέβαια! Τι νούμερο φοράτε; [ ]
- 39. Τα έχετε μήπως και σε καφέ; [ ]
- Σίγουρα, έχει κι άλλα χρώματα. Πάω στην αποθήκη να τα φέρω. [ ]

...

- Ορίστε, τα καφέ σανδάλια σε 39.
- Ευχαριστώ.
- Τι λέτε;
- Δεν ξέρω, δεν είμαι σίγουρη.
- Α, είναι πολύ ωραίο παπουτσάκι! Δερμάτινο! Σας πάει πάρα πολύ! [ ]
- Μου πάνε, ε; Ναι, κι εμένα μ' αρέσουν! Πόσο έχουν; [ ] [ ]
- Για να δω ένα λεπτάκι. 65 ευρώ. [ ]
- Είναι λίγο ακριβά, αλλά τα θέλω πολύ! Θα τα πάρω! [ ]
- Μπράβο! Σας πάνε πάρα πολύ! Ορίστε, περάστε στο ταμείο, παρακαλώ. [ ]

δ Παίξτε στην τάξη. Füllen Sie gegenseitig Vorgaben-Kärtchen aus und spielen Sie dann im Kurs.

Πελάτης / Πελάτισσα

Ψάχνετε *σαγιονάρες*.
Θέλετε παπούτσια με / χωρίς τακούνι.
Δεν σας αρέσει το χρώμα ________.
Φοράτε νούμερο ______.
Έχετε ____ ευρώ.

Πωλητής / Πωλήτρια

Από μοντέλα δεν έχετε ____________.
Από χρώματα δεν έχετε *κόκκινο*.
Τα νούμερα ____ – ____ είναι στην αποθήκη.
Τα παπούτσια κάνουν __________.

Ψάχνω κόκκινες σαγιονάρες.
Λυπάμαι, δεν έχει. Τις έχουμε όμως σε μαύρο. Τι λέτε;

AB 7

4 ...και αυτός ο χειμώνας θα είναι ζεστός!

α Διαβάστε και ταιριάξτε. Lesen Sie die Werbeanzeigen.
Für welche der unten beschriebenen Personen könnten sie interessant sein?

βγαίνω – θα / να βγω

Τι λογαριασμό είχες αυτά τα Χριστούγεννα στο τηλέφωνο; Στην **GERMANET** πληρώνεις μόνο 6 Λ. για μία κλήση ή 40 € το μήνα για όλες τις κλήσεις και παίρνεις ένα κινητό δώρο! Με αυτό το κινητό θα αγαπήσεις τους λογαριασμούς και κάθε κλήση! **Α**

ΜΕΓΑΛΕΣ ΕΚΠΤΩΣΕΙΣ!
ΘΑ ΒΓΕΙΤΕ ΑΠ' ΤΑ ΡΟΥΧΑ ΣΑΣ!
Ρούχα για άντρες, γυναίκες και παιδιά.
Αυτή η ποιότητα σ' αυτές τις τιμές;
Θα μας γράψουν οι εφημερίδες!
ΕΛΑΤΕ ΚΑΙ ΘΑ ΔΕΙΤΕ! **Γ**

Ρεαλιστικές φωτογραφίες με τη Photoworld 600. Με αυτήν τη φωτογραφική μηχανή θα δείτε τον κόσμο με άλλα μάτια. **Β**

Κάθε παλτό ένα δώρο από τους Θεούς για μία Θεά: Εσάς! Αυτόν το χειμώνα δεν θα πείτε: «Κρυώνω!»
ΔΕΡΜΑΤΙΝΑ
ΚΑΙ ΓΟΥΝΕΣ ΚΑΣΤΟΡΤΕΞ
...και αυτός ο χειμώνας θα είναι ζεστός! **Δ**

1. Η κ. Ελένη είναι 57 χρονών και μένει με τον άντρα της, ένα δικηγόρο, σε μία βίλα έξω από την Αθήνα. Πολλές φορές οι φωτογραφίες της είναι στην εφημερίδα: φοράει πάντα ακριβά και ωραία ρούχα. ☐
2. Η Μαρίνα είναι παντρεμένη και έχει δύο παιδιά. Κάνουν πολλά ταξίδια, φέτος θα πάνε στην Αυστραλία. Φέρνουν πάντα πολλά σουβενίρ και όμορφες φωτογραφίες. ☐
3. Ο Γιώργος και η Κατερίνα έχουν πέντε παιδιά και μένουν στον Πειραιά. Η Κατερίνα δεν δουλεύει και στο τέλος του μήνα δεν έχουν πολλά λεφτά. ☐
4. Ο Μάρκος είναι φοιτητής και μένει τώρα στο Ηράκλειο. Η οικογένειά του μένει μακριά και δεν τον βλέπουν συχνά. Ο Μάρκος τους στέλνει συχνά φωτογραφίες και μιλάνε κάθε μέρα στο τηλέφωνο. ☐

β Κοιτάξτε και συμπληρώστε. Schauen Sie in die Texte und ergänzen Sie die Tabelle.

αυτ____	**ο**	χειμώνας	______	**η**	ποιότητα	______ ____ κινητό
αυτ**όν**	**το**	χειμώνα	______	____	ποιότητα	

αυτ**οί**	**οι**	μήνες	αυτ**ές**	**οι**	τιμές	______ ____ κινητά
αυτ**ούς**	**τους**	μήνες	______	____	τιμές	

γ Γράψτε.
Schreiben Sie selbst einen Werbeslogan.

AB 8-10

τηγάνι ■ σαγιονάρες ■ τηλεόραση ■ καφές
λεξικό ■ τσάντα ■ μαχαίρια και πιρούνια
αυτοκίνητο ■ τσιγάρο ■ γύρος

5 Ποιο να πάρω;

7

α Ακούστε και βάλτε ένα Χ. Hören Sie und kreuzen Sie an: Wo findet der Dialog statt?

☐ σε μια μπουτίκ

☐ στην Πλάκα

☐ στο παζάρι

β Σωστό ή λάθος; Richtig oder falsch? Hören Sie erneut und notieren Sie *Σ* oder *Λ*.

1. Η Μαρία θέλει να αγοράσει μπλουζάκια για τις διακοπές. ☐
2. Και η Τασία θέλει ένα μπλουζάκι. ☐
3. Η Μαρία προτιμάει το καφέ μπλουζάκι. ☐
4. Η Τασία λέει ότι η ποιότητα στο παζάρι είναι εντάξει. ☐
5. Στο τέλος η Μαρία παίρνει κι ένα μπλουζάκι για την κόρη της. ☐

γ Διαβάστε και σημειώστε. Lesen Sie den Dialog und notieren Sie: Wie sagt man es auf Griechisch?

◆ Παντελόνια, μπλουζάκια, εσώρουχα!
● Κοίτα, τι ωραία μπλουζάκια. Θέλω ακόμη ένα-δυο μπλουζάκια για τις διακοπές.
▶ Ναι, ωραία είναι.
● Τι λες, Τασία; Ποιο να πάρω; Το καφέ ή το μπλε;
▶ Τι να πω; Δεν ξέρω.
Ε, το μπλε είναι ωραίο. Εσύ τι λες;
● Εμένα μου αρέσει το καφέ πιο πολύ από το μπλε. Το μπλε είναι πολύ απλό.
▶ Να πάρεις το καφέ τότε. Και το καφέ ωραίο είναι!
● Να το πάρω από 'δω ή από ένα μαγαζί;
▶ Έλα μωρέ! Για τις διακοπές το θέλεις. Απ' το παζάρι να το πάρεις. Η ποιότητα είναι εντάξει.
● Δίκιο έχεις! Να πάρω και ένα για την κόρη μου;
▶ Για την Ειρήνη; Όχι, όχι. Να μην πάρεις απ' το παζάρι για την Ειρήνη.
Δεν φοράνε ρούχα απ' το παζάρι τα παιδιά. Θέλουν μάρκες, δεν ξέρεις;
● Καλά λες. Δηλαδή να πάρω το καφέ για μένα, ε; Θα το πάρω τελικά.

1. Welches *soll* ich nehmen? ______________________
2. Was *soll* ich sagen? ______________________
3. Dann nimm *doch* das braune. ______________________
4. *Soll* ich es hier kaufen oder in einem Geschäft? ______________________
5. Kauf es *doch* am Markt. ______________________

AB 11-15

6. Nein, nein. Kauf für Irini *lieber nicht* am Markt. ______________________

6 Θα μου κάνεις μια καλύτερη τιμή;

8

α Ακούστε και σημειώστε. Hören Sie den Dialog zu Ende und notieren Sie das Ergebnis.

Στο τέλος η Μαρία πληρώνει _____ ευρώ για ______________________.

β Ακούστε ξανά και βάλτε στη σωστή σειρά. Hören Sie erneut und ordnen Sie den Dialog.

Πωλητής

- ☐ Τι καλύτερη; Ακόμη καλύτερη; Άντε, 40 ευρώ για 2 κομμάτια.
- ☐ Ορίστε! Με γεια σας!
- ☐ 25 ευρώ το ένα. Όλα μία τιμή έχουν.
- 1 Ορίστε, κυρία μου;
- ☐ Άντε καλά, 2 μπλουζάκια για 35 κι είμαστε εντάξει.

Πελάτισσα

- ☐ Ωραία, ένα καφέ κι ένα μπλε για 35 ευρώ τότε.
- ☐ Ευχαριστώ! Αντίο!
- ☐ ▸ Καλά, βρε Μαρία, θα πληρώσεις 25 ευρώ για ένα μπλουζάκι απ' το παζάρι;
  - • Όχι 25 πολλά είναι! Λοιπόν, θα μου κάνεις μια καλύτερη τιμή, εντάξει;
- ☐ Καλά! Δύο μπλουζάκια, για 30 όμως.
- 2 Θα ήθελα αυτό το καφέ μπλουζάκι. Πόσο κάνει;

γ Σημειώστε. Notieren Sie, wie man ...

> πληρώνεις – θα / να πληρώσεις

... einen Rat einholen kann. ____________________

... einen Rat geben kann. ____________________

AB 16-17 ... einen besseren Preis verhandeln kann. ____________________

7 Φοράει άσπρες κάλτσες.

α Ταιριάξτε. Ordnen Sie die Beschreibungen den Kleidungsstücken zu.

1. δύο γραβάτες
2. ένα παντελόνι τζιν
3. ένα πορτοκαλί πουλόβερ
4. ένα καφέ παλτό
5. μια μπλούζα με μπλε ρίγες
6. ένα πράσινο φόρεμα
7. άσπρες κάλτσες
8. ένα κόκκινο μαγιό με μαύρες ρίγες
9. ένα ροζ πουκάμισο
10. μια καρό φούστα
11. ένα καφέ καπέλο

☐  ☐  ☐ 

☐  ☐  ☐ 

☐  ☐  ☐ 

☐  ☐ 

β Παιχνίδι. Spiel: Wer ist es?
Beschreiben Sie die Kleidung einer/eines Anwesenden, die anderen raten.

> *Φοράει... / Έχει...*

AB 18 **γ** Κάντε διάλογο. Erarbeiten Sie zu zweit einen Verkaufsdialog und überlegen Sie eine „richtig / falsch"-Aufgabe für Ihr „Publikum".

8 Φούστα για άντρες

α Βάλτε ένα Χ. Kreuzen Sie an. Worum geht es wohl in dem Text?

Το κείμενο «Φούστα για άντρες» μιλάει για...

- ☐ άντρες με γυναικεία ρούχα.
- ☐ μια νέα μόδα στην Ελλάδα.
- ☐ την παραδοσιακή στολή των τσολιάδων.

β Διαβάστε και συμπληρώστε. Lesen Sie und ergänzen Sie die Bezeichnungen für Kleidungsstücke.

~~κάλτσες~~ ▪ παπούτσια ▪ καπέλο ▪ πουκάμισο ▪ φούστα

Όταν ένας άντρας φοράει την ελληνική παραδοσιακή στολή, τον λένε τσολιά. Αλλά κάθε τσολιάς δεν είναι και Εύζωνος. Οι Εύζωνοι είναι μόνο στην Αθήνα, στο Σύνταγμα. Οι Εύζωνοι φοράνε «τσαρούχια». Αυτά τα κόκκινα ____________ τα γνωρίζει όλος ο κόσμος από τουριστικές κάρτες και σουβενίρ. Από κάτω οι σόλες τους έχουν καρφιά. Οι μαύρες φούντες τους είναι χαρακτηριστικές. Κόκκινο είναι και το ____________ της στολής: Το «φάριο» θυμίζει ένα τούρκικο φέσι, αλλά έχει και μία μικρή ελληνική σημαία μπροστά. Οι Εύζωνοι δεν φοράνε παντελόνι, αλλά «φουστανέλα», μία παραδοσιακή λευκή ____________ με – όπως λένε – 400 δίπλες. Η κάθε δίπλα συμβολίζει ένα χρόνο από τα 400 χρόνια της Τουρκοκρατίας. Σήμερα φυσικά οι δίπλες δεν είναι 400. Από κάτω φοράνε λευκές και μάλλινες __κάλτσες__ – χειμώνα καλοκαίρι. Από πάνω φοράνε ένα λευκό ____________ και τη «φερμέλη», ένα μαύρο γιλέκο, με πολλά σχέδια σε χρυσό και λευκό χρώμα.

γ Σημειώστε. Notieren Sie die Bezeichnungen für die Elemente der Tracht.

το φάριο ____________

____

____

____

δ Διαβάστε ξανά και βάλτε ένα Χ. Lesen Sie erneut und kreuzen Sie an.

1. Οι Εύζωνοι φοράνε
   ☐ την παραδοσιακή ελληνική στολή. ☐ ένα φόρεμα.
2. Η φουστανέλα με τις 400 δίπλες
   ☐ είναι από την Τουρκία. ☐ συμβολίζει την Τουρκοκρατία.
3. Οι Εύζωνοι φοράνε μάλλινες κάλτσες
   ☐ μόνο το χειμώνα. ☐ πάντα.

ε Κοιτάξτε και γράψτε. Beschreiben Sie für einen Griechen die Frauentracht aus dem Schwarzwald.

Με δυο λόγια Kurz gesagt

Εκφράσεις Wichtige Ausdrücke

Συγνώμη, ψάχνω ένα(ν) / μία ... εδώ κοντά;
Με συγχωρείτε, μήπως ξέρετε πού έχει ένα(ν) / μία ... ;
Πού μπορώ να βρω ασπιρίνες;
Ξέρετε πού έχει μπαταρίες;

Μπορεί να έχει ο Γερμανός.
Ίσως έχει στον μπακάλη.
Εφημερίδες θα βρείτε σίγουρα στο περίπτερο.

Ποιο να πάρω; Το καφέ ή το μπλε;
Εμένα μου αρέσει το καφέ πιο πολύ απ' το μπλε.
Να μην πάρεις μπλουζάκι απ' το παζάρι.

Λοιπόν, θα μου κάνεις μια καλύτερη τιμή, εντάξει;

Άντε καλά, 2 μπλουζάκια για 35 κι είμαστε εντάξει.

Ψάχνω σανδάλια για το καλοκαίρι.
Τα έχετε μήπως και σε καφέ;

Μπορώ να σας βοηθήσω;
Μπορώ να τα δοκιμάσω;
Σας πάει πάρα πολύ!
Θα τα πάρω!
Περάστε στο ταμείο.

Γραμματική Grammatik

2. Verbstamm bei Verben auf *-νω* → GR 11.2.1

πληρώ**νω** | θα / να πληρώ**σω**

Demonstrativpronomen *αυτός ο* → GR 6.3

Sing.	Nominativ	αυτ**ός ο** μήνας	αυτ**ή η** τιμή	αυτ**ό το** κινητό
	Akkusativ	αυτ**όν το** μήνα	αυτ**ήν την** τιμή	
Plural	Nominativ	αυτ**οί οι** μήνες	αυτ**ές οι** τιμές	αυτ**ά τα** κινητά
	Akkusativ	αυτ**ούς τους** μήνες	αυτ**ές τις** τιμές	

Frage und Empfehlung mit *να* → GR 11.1.3

Ποιο **να πάρω**;
Να πάρω και ένα για την κόρη μου;
Τι **να πω**;
Να πάρεις το καφέ.

Verneinung mit *μην* → GR 11.1.4

Να μην παρεις μπλουζάκι απ' το παζάρι για την Ειρήνη.

Μπορώ... Ich kann ...	ich	____	Aufgabe
... nach Geschäften fragen.			1
... erfragen, wo ich etwas Bestimmtes finden kann.			2
... etwas als Vermutung / mit Sicherheit sagen.			2
... Kleidung und Schuhe näher beschreiben.			3, 4, 5, 7
... ein Verkaufsgespräch (im Schuhgeschäft) führen.			3
... fragen, ob es etwas Bestimmtes gibt.			3
... Rat einholen und Empfehlungen geben.			5
... den Preis verhandeln.			6

4 Ήρθα το 1967.

über wichtige Lebensetappen sprechen ‖ eine zeitliche Reihenfolge angeben ‖ einer kurzen Rede folgen ‖ einige Willkommens-, Dankes- und Abschiedsworte aussprechen ‖ über Anforderungen im Beruf sprechen ‖ eine Stellenanzeige verstehen ‖ per E-Mail Kontakt aufnehmen ‖ sich am Telefon nach etwas erkundigen

1 Γεννήθηκα στην Αθήνα.

α Ταιριάξτε. Ordnen Sie die Sätze unten den Zeichnungen zu.

Α ☐

Β ☐

Γ ☐

Δ ☐

Ε ☐

Ζ 1

Η ☐

Θ ☐

Ι ☐

- Γ Χώρισε με το Γιάννη.
- ☐ Γεννήθηκε ο γιος της.
- ☐ Πήγε 12 χρόνια στο σχολείο.
- ☐ Αγόρασαν σπίτι.
- ☐ Πέθανε η γιαγιά.
- ☐ Σπούδασε στα Ιωάννινα.
- ☐ Τώρα δουλεύει αυτό το ταξί στην Αθήνα.
- ☐ Μεγάλωσε με τη γιαγιά της στο χωριό.
- ☐ Γνώρισε το Γιάννη και τον παντρεύτηκε.

9

β Βάλτε στη σειρά και ακούστε. Ordnen Sie die Bilder chronologisch und überprüfen Sie Ihre Annahmen dann anhand des Dialogs.

***Πρώτα** μεγάλωσε με τη γιαγιά της...*
***Μετά**, νομίζω ότι πήγε...*
***Ύστερα**...*

γ Ακούστε και μιλήστε. Hören Sie erneut, notieren Sie Detailinformationen und tauschen Sie sich aus.

Άκουσες πού πήγε στο σχολείο;
Ναι, νομίζω ότι πήγε στην Αθήνα στο σχολείο.
Κατάλαβες πότε ακριβώς παντρεύτηκε;
Όχι, δεν το άκουσα.

ακούω – άκουσα
καταλαβαίνω – κατάλαβα

δ Αλυσίδα. Kettenübung: Wann waren Sie das erste Mal in Griechenland?

Το 1976 πήγα για πρώτη φορά στην Ελλάδα. Κι εσύ, πότε πήγες για πρώτη φορά;
Ο / Η ... πήγε το 1976 για πρώτη φορά. Κι εγώ ...

AB 1-4 ε Ρωτήστε και σημειώστε. Sie benutzen den Text auf dieser Seite, Ihr Partner schlägt Seite 96 auf. Tauschen Sie die fehlenden Informationen über Maria aus und machen Sie sich jeweils Notizen.

Η Μαρία γεννήθηκε στη Λάρισα, αλλά μεγάλωσε στη Στουτγκάρδη. Εκεί, πήγε στο γερμανικό σχολείο. Μετά το σχολείο σπούδασε Φυσική. Το 2008 παντρεύτηκε στην Ελλάδα. Τον άντρα της τον γνώρισε σε ένα πάρτι στο Λονδίνο. Το 2009 γεννήθηκε ο γιος τους, ο Ραφαήλ. Δούλεψαν για τρία χρόνια στην Αθήνα.

Ξέρεις πότε γεννήθηκε η Μαρία;
Μισό λεπτό... Εμ, όχι, δεν ξέρω.

2 Ευχαριστούμε και λέμε αντίο.

α Ταιριάξτε. Rekonstruieren Sie das zweisprachige Programmheft: Ordnen Sie den deutschen Text mithilfe der bekannten Wörter und Namen den griechischen Programmpunkten zu, indem Sie die Uhrzeiten „auf Deutsch" ergänzen.

ΕΛΛΗΝΟ-ΑΥΣΤΡΙΑΚΟΣ
ΦΙΛΟΣΟΦΙΚΟΣ
ΣΥΛΛΟΓΟΣ ΒΙΕΝΝΗΣ

7 μ.μ.
Καλωσόρισμα από τον πρόεδρο του Συλλόγου, κ. Δημήτρη Νικολάου

7:30 μ.μ.
Διάλεξη με θέμα «Εργάτης και φιλόσοφος: Το σπαγκάτο ανάμεσα στη δουλειά και την ακαδημαϊκή ζωή»
Ευδοκία Καρβέλα, καθηγήτρια πανεπιστημίου

8:15 μ.μ.
Ερωτήσεις και συζήτηση για το θέμα

8:45 μ.μ.
Λόγος για τον αποχαιρετισμό του κ. Δημήτρη Νικολάου (Σταύρος Βουτσάς)

9 μ.μ.
Μπουφέ και γιορτή

GRIECHISCH-ÖSTERREICHISCHER
PHILOSOPHISCHER VEREIN WIEN

19:00 Uhr
Begrüßung durch den Vereinspräsidenten, Herrn Dimitrios Nikolaou

______
Buffet und Feier

______
Vortrag zum Thema „Arbeiter und Philosoph: Der Spagat zwischen Arbeit und akademischem Leben"
Prof. Dr. Evdokia Karvela

______
Rede zum Abschied von Herrn Dimitrios Nikolaou (Stavros Voutsas)

______
Fragen und Diskussion zum Thema

10 β Ακούστε και σημειώστε. Hören Sie und markieren Sie, um welchen Programmpunkt es sich handelt.

γ Υπογραμμίστε και σημειώστε. Unterstreichen Sie die Verben und sortieren Sie die Aoristformen.

- ☐ γιορτάζουμε τα γενέθλιά του και θέλουμε να πούμε αντίο
- ☐ πήρε την απόφαση να πάει για πάντα στην Ελλάδα
- ☐ ήρθε ως εργάτης στην Αυστρία το 1967
- ☐ γνώρισε την Ευδοκία Καρβέλα
- ☐ πάντα ήθελε να σπουδάσει στο πανεπιστήμιο
- ☐ μετά τις σπουδές του στο πανεπιστήμιο αγόρασε σπίτι
- ☐ βρήκε δουλειά ως μάγειρας σε ένα ελληνικό εστιατόριο
- ☐ είχε μία ιδέα κι είπε: «Από δύο ζωές θα κάνω μία.»
- ☐ ήταν 5 φίλοι, πήγαν στο εστιατόριο, είδαν κι άλλους φίλους...
- ☐ έτσι ο σύλλογος είχε στην αρχή 5, 7, μετά 12 άτομα και σήμερα είμαστε 65!

Augment *εί-*	Augment *ή-*	zweisilbig ohne Augment	dreisilbige Verben
είχε	ήρθε	πήρε	______
______	______	______	______
______	______	______	

11

δ Ακούστε ξανά και βάλτε ένα Χ. Hören Sie die Rede, kreuzen Sie in 2γ an, welche Punkte der Redner erwähnt, und sprechen Sie darüber, was er vergessen hat.

ξεχνάω – ξέχασα

Ο κύριος Βουτσάς (δεν) είπε ότι ο Δημήτρης Νικολάου...
Ο κύριος Βουτσάς ξέχασε να πει ότι ο πρόεδρος...

ε Ταιριάξτε. Ordnen Sie zu: Wie kann man ...

Συγχαρητήρια! ▪ Λέμε αντίο και ευχόμαστε να είσαι πάντα καλά!
Καλώς ήρθατε, κυρίες και κύριοι, αγαπητοί φίλοι, καλώς ορίσατε.
Για όλα αυτά θέλουμε σήμερα να πούμε ένα μεγάλο ευχαριστώ στον πρόεδρό μας.

... jemanden willkommen heißen? ______

______

... sich im Namen Vieler bedanken? ______

______

... Glückwünsche aussprechen? ______

... jemanden förmlich verabschieden? ______

______

ζ Μιλήστε. Halten Sie selbst eine kleine Rede für den langjährigen Kursleiter des Griechischkurses.

AB 5-8

- λέμε αντίο στον καθηγητή μας
- πρόβλημα: δεν είχαμε καθηγητή για ελληνικά στην πόλη μας
- το λαϊκό πανεπιστήμιο ήθελε έναν καθηγητή για ελληνικά
- μετά γνωρίσαμε τον κύριο Παυλίδη
- παλιά ήμασταν 6 μαθητές, τώρα είμαστε 45 μαθητές σε 5 τάξεις
- σήμερα γιορτάζει και φεύγει από την πόλη μας
- ευχαριστούμε για τα μαθήματα

3 Σας στέλνω το βιογραφικό μου.

α Ταιριάξτε. Ordnen Sie zu.

- ☐ ο / η μηχανικός αυτοκινήτων
- ☐ ο κομμωτής / η κομμώτρια
- ☐ ο / η web designer
- ☐ ο / η τραπεζικός υπάλληλος
- ☐ ο μεταφραστής / η μεταφράστρια
- ☐ ο μάγειρας / η μαγείρισσα

β Σημειώστε. Welche Beschreibungen passen auf welche Berufe? Notieren Sie.

1. ______ πρέπει να ξέρει πολλές γλώσσες.
2. Του ______ πρέπει να του αρέσει το φαγητό.
3. ______ πρέπει να ξέρει από μαθηματικά.
4. ______ πρέπει να έχει δίπλωμα αυτοκινήτου.
5. ______ δουλεύει στο γραφείο.
6. ______ πρέπει να έχει κομπιούτερ.
7. ______ έχει να κάνει με πελάτες.
8. ______ μιλάει πολύ στο τηλέφωνο.

γ Παίξτε. Denken Sie sich einen Beruf und beschreiben Sie, was man dazu können oder wissen muss. Die anderen erraten den Beruf.

δ Διαβάστε και γράψτε. Lesen Sie die Jobanzeigen und die E-Mail: Worauf bewirbt sich Thomas? Ergänzen Sie die passende E-Mail-Adresse.

Ζητείται κοπέλα μέχρι 29 χρονών για την καλοκαιρινή σεζόν για σέρβις και μπουφέ. Café-bar στην παραλία (Κρήτη). Βιογραφικό με φωτογραφία στο e-mail: cafebar_crete@yahoo.gr

Ζητείται για την καλοκαιρινή περίοδο μαγείρισσα ή μάγειρας με εμπειρία στην ελληνική και κρητική κουζίνα και σερβιτόρος για εστιατόριο ξενοδοχείου σε τουριστική παραλία. Επιθυμητή γνώση δύο γλωσσών (αγγλικά, ισπανικά ή γερμανικά). Βιογραφικό με φωτογραφία στο info@sun-hotel.gr

Ζητείται υπάλληλος ξενοδοχείου για τη ρεσεψιόν με γνώσεις στις γλώσσες αγγλικά, γερμανικά ή γαλλικά και Η/Υ MS Office & internet και με δίπλωμα αυτοκινήτου. Βιογραφικό με πρόσφατη φωτογραφία στο makridis@minos-hotel.gr

Προς:

Θέμα: Βιογραφικό Thomas Weinrich

Κυρίες και κύριοι,
διάβασα στο ίντερνετ ότι ψάχνετε μάγειρες και ότι πρέπει να ξέρουν ξένες γλώσσες. Τώρα μένω ακόμη στην Ελβετία. Είμαι από τη Ζυρίχη, αλλά μεγάλωσα στη Βέρνη. Μετά το σχολείο πήγα στο Παρίσι για τη γλώσσα. Εκεί έκανα πρακτική άσκηση σε ένα μεγάλο ξενοδοχείο για έξι μήνες. Μετά δούλεψα στο ίδιο ξενοδοχείο ως σερβιτόρος για δύο χρόνια. Ύστερα γύρισα πίσω στη Ζυρίχη και δούλεψα σε ένα ελληνικό εστιατόριο ως σερβιτόρος, αλλά και στην κουζίνα.
Ενδιαφέρομαι πάρα πολύ να δουλέψω ως μάγειρας στο ξενοδοχείο σας. Μιλάω πολύ καλά γερμανικά (φυσικά), ελληνικά, γιατί η μητέρα μου είναι Ελληνίδα, γαλλικά και αγγλικά. Με αυτό το e-mail σας στέλνω το βιογραφικό μου με πρόσφατη φωτογραφία.

Thomas Weinrich

ε Πώς το λένε στα ελληνικά; Sehen Sie noch einmal in die E-Mail: Wie kann man auf Griechisch ...

... darauf hinweisen, woher man die Adresse bzw. Information hat? ____________________

____

... mitteilen, dass man ein Praktikum gemacht hat? ____________________

... sagen, dass man als Kellner gearbeitet hat? ____________________

... sein Interesse ausdrücken? ____________________

... auf Anhänge (an der E-Mail) aufmerksam machen? ____________________

ζ Γράψτε. Schreiben Sie nun selbst eine E-Mail, in der Sie Ihr Interesse für eine der anderen Anzeigen äußern.

AB 9-11

4 Εδώ κοιμούνται νωρίς.

12 **α** Συμπληρώστε και ακούστε. Ergänzen Sie die Sätze und hören Sie anschließend das Telefonat zur Kontrolle.

Πώς μπορώ να σας βοηθήσω; ■ Θα πάρω, λοιπόν, αργότερα.
Μπορείτε να περιμένετε λίγο; ■ Σας παίρνω από την Ελβετία τηλέφωνο.
Θέλετε να της αφήσετε ένα μήνυμα;

αφήνω – θα / να αφήσω
στέλνω – έστειλα

- ● Sun Hotel Παναγία Φανερωμένη;
- ▸ Ναι, γεια σας! Με λένε Thomas Weinrich. ______ ______ ______
- ● Καλησπέρα σας. ______ ______
- ▸ Ήθελα να σας ρωτήσω κάτι.
- ● Ορίστε.
- ▸ Σας έστειλα ένα e-mail με το βιογραφικό μου πριν από δύο εβδομάδες. Πολύ φοβάμαι ότι δεν το πήρατε. Απλά ήθελα να σας ρωτήσω.
- ● Μάλιστα. E-mail με βιογραφικό λέτε; Εγώ δεν θυμάμαι. Πρέπει να μιλήσετε με την κυρία Δελβερούδη. ______ ______
- ▸ Βέβαια.

[...]

- ● Ναι, με ακούτε;
- ▸ Ναι;
- ● Λυπάμαι, η κυρία Δελβερούδη δεν είναι εδώ. ______ ______
- ▸ Όχι, όχι. Μπορώ να ξαναπάρω αργότερα ή θα είναι αργά;
- ● Βέβαια. Μη φοβάστε, μπορείτε να πάρετε και αργά τηλέφωνο. Μετά τις δέκα θα τη βρείτε σίγουρα εδώ.
- ▸ Εντάξει. Ξέρετε, εμείς εδώ φοβόμαστε να πάρουμε αργά τηλέφωνο, γιατί εδώ κοιμούνται νωρίς. ______ ______ Ευχαριστώ. Γεια σας.
- ● Παρακαλώ, γεια σας.

β Ταιριάξτε. Ordnen Sie zu: Welche Sätze haben eine ähnliche Bedeutung?

1. Λέει: «Μήπως δεν πήρανε το e-mail;»
2. Συγνώμη!
3. Εδώ πάνε νωρίς στο κρεβάτι.
4. Η κοπέλα το ξέχασε.

α) Δεν θυμάται.
β) Κοιμούνται νωρίς εδώ.
γ) Φοβάται ότι δεν πήρανε το e-mail.
δ) Λυπάμαι!

γ Συμπληρώστε. Ergänzen Sie die Verbtabelle mit Formen aus 4α und 4β.

______	______
φοβ**άσαι**	φοβ**άστε**
______	φοβ**ούνται**

AB 12-14 **δ** Κάντε διάλογο στο τηλέφωνο. Variieren Sie den Dialog und spielen Sie ein Telefonat.

Κλείσατε με e-mail ένα δωμάτιο στο Ξενοδοχείο Άλκηστις.

Γράψατε σε ένα e-mail ότι θέλετε να πάτε σε ένα φροντιστήριο στη Ρόδο για μαθήματα ελληνικών.

Στείλατε το βιογραφικό σας ως σερβιτόρος/σερβιτόρα σε ένα εστιατόριο.

5 Οι «Γκασταρμπάιτερ» γιορτάζουν γενέθλια.

α Μιλήστε. Was wissen Sie über die folgenden Punkte? Unterhalten Sie sich im Kurs.

Ποιοι είναι οι «Γκασταρμπάιτερ»; ■ Από πού ήρθαν; ■ Γιατί γιορτάζουν το 2010; Τι νομίζετε;

β Διαβάστε και ταιριάξτε. Überfliegen Sie die Absätze und ordnen Sie die Stichwörter zu.

Παντρεύονται στη Γερμανία Z. 9-13
Δύο πατρίδες ______
Οι Έλληνες στη Γερμανία σήμερα ______
Τα χρόνια στην Ελλάδα ______
Η Γερμανία θέλει τους Έλληνες ______

Το 2010 οι «Γκασταρμπάιτερ» γιορτάζουν γενέθλια

Το θέλει η γερμανική πολιτική, αλλά και η οικονομία: Έτσι στις 30 Μαρτίου 1960 η Γερμανία παίρνει την απόφαση για τη σύμβαση ανάμεσα στη Γερμανία και την Ελλάδα. Τα τρένα φέρνουν χιλιάδες νέους άντρες και γυναίκες από την Ελλάδα και άλλες χώρες ως εργάτες. Όλοι έχουν το ίδιο σχέδιο: να δουλέψουν λίγα χρόνια και μετά να γυρίσουν πίσω στην πατρίδα. Η ζωή όμως δεν γνωρίζει σχέδια...

Σήμερα περίπου 400.000 Έλληνες, ή μάλλον 400.000 πολίτες ελληνικής καταγωγής, μένουν στη Γερμανία. Περίπου 100.000 έχουν γερμανικό διαβατήριο. Οι πρώτοι Έλληνες τώρα πια είναι συνταξιούχοι.

Ο Ζήσης είναι ένας απ΄ αυτούς. Ως νέος άντρας ήρθε στη Γερμανία, στη Στουτγκάρδη. Εκεί δούλεψε στη Mercedes-Benz. Μια μέρα είδε σε ένα φίλο του μία νέα κοπέλα, την Ανδρονίκη. Και η Ανδρονίκη ήρθε από την Ελλάδα στη Γερμανία. Κι αυτή μόνο «για λίγα χρόνια», για δουλειά. Ο Ζήσης της άρεσε, η Ανδρονίκη του άρεσε, και έτσι παντρεύτηκαν. Έκαναν δύο παιδιά και γύρισαν στην Ελλάδα.

Στην Αθήνα άρχισαν μία καινούρια ζωή, αλλά μετά από δέκα χρόνια στη Γερμανία, η ζωή στην Ελλάδα δεν ήταν η ίδια. Η Ελλάδα ήταν σαν ξένη χώρα και αυτοί ήταν ξένοι για τους Έλληνες.

Έτσι ξαναγύρισαν πίσω στη Γερμανία. Τα παιδιά τους πήγαν σε γερμανικό σχολείο, σπούδασαν στη Γερμανία και εκεί μένουν τώρα όλοι μαζί. Σήμερα η Ανδρονίκη και ο Ζήσης δεν έχουν μόνο μία πατρίδα, αλλά δύο: το καλοκαίρι πηγαίνουν στην Ελλάδα και το χειμώνα έρχονται στη Γερμανία στα παιδιά τους. Το 2010 γιορτάζουν κι αυτοί 50 χρόνια, όχι τα γενέθλιά τους, αλλά 50 χρόνια από τη σύμβαση ανάμεσα στη Γερμανία και την Ελλάδα.

γ Κοιτάξτε και ταιριάξτε. Lesen Sie im Text nach und ordnen Sie zu.
Was bedeuten die griechischen Begriffe auf Deutsch?

1. η σύμβαση ανάμεσα (Z. 2)
2. οι πολίτες (Z. 6)
3. ελληνικής καταγωγής (Z. 6-7)
4. το διαβατήριο (Z. 7)
5. η πατρίδα (Z. 5)

α) griechischer Herkunft
β) das Abkommen zwischen
γ) die Heimat
δ) die Bürger
ε) der Pass

δ Κι εσείς; Und Sie? Kennen Sie selbst ehemalige „Gastarbeiter"?
Wann und warum sind sie gekommen? Und was machen sie heute?

Με δυο λόγια Kurz gesagt

Εκφράσεις Wichtige Ausdrücke

Γεννήθηκα το 1967.
Μεγάλωσα στο χωριό.
Πήγα στο σχολείο στην Αθήνα.
Σπούδασα στα Ιωάννινα.
Παντρεύτηκα και γεννήθηκε ο γιος μας.
Χώρισα με το Γιάννη.

πρώτα, ύστερα, μετά

Καλώς ήρθατε, αγαπητοί φίλοι.
Καλώς ορίσατε, κυρίες και κύριοι.
Συγχαρητήρια!
Θέλουμε να πούμε ένα μεγάλο ευχαριστώ!
Λέμε αντίο και ευχόμαστε να είσαι πάντα καλά.

Διάβασα στο ίντερνετ ότι ψάχνετε μάγειρες.
Σας στέλνω το βιογραφικό με αυτό το e-mail.

Έκανα πρακτική άσκηση σε ένα ξενοδοχείο.
Μετά δούλεψα ως σερβιτόρος για δύο χρόνια.
Ενδιαφέρομαι πάρα πολύ να δουλέψω στο ξενοδοχείο σας.

Σας παίρνω από την Ελβετία τηλέφωνο.
Πώς μπορώ να σας βοηθήσω;
Μπορείτε να περιμένετε λίγο;
Θέλετε να της αφήσετε ένα μήνυμα;
Μπορώ να ξαναπάρω αργότερα;
Θα πάρω, λοιπόν, αργότερα.

Γραμματική Grammatik

Unregelmäßige Vergangenheitsformen → GR 11.2

Aorist mit Augment *εί-*	
βλέπω	**εί**δα
έχω	**εί**χα
λέω	**εί**πα

Aorist mit Augment *ή-*	
έρχομαι	**ή**ρθα
θέλω	**ή**θελα

Aorist ohne Augment	
βρίσκω	βρήκα
παίρνω	πήρα
πάω	πήγα

Verben auf *-άμαι* (Typ Γ2) → GR 11.1.2, 11.2.3

φοβ**άμαι**
φοβ**άσαι**
φοβ**άται**
φοβ**όμαστε**
φοβ**άστε**
φοβ**ούνται**

Μπορώ... Ich kann ...

	ich		Aufgabe
... über wichtige Etappen in meinem Leben sprechen.			1, 2, 3
... eine zeitliche Reihenfolge angeben.			1
... einer (kurzen) Rede folgen.			2
... jemanden willkommen heißen, Dankes- und Abschiedsworte aussprechen.			2
... über grundlegende Anforderungen im Beruf sprechen.			3
... eine kurze Stellenanzeige verstehen.			3
... per E-Mail Kontakt aufnehmen.			3
... mich am Telefon nach etwas erkundigen und Auskunft geben.			4

Παιχνίδι 1

Πράσινη ερώτηση → Πας δύο μπροστά.

- [ ] Ein Mitspieler nennt eine Form von *είμαι* im Präsens. Bilden Sie die Vergangenheitsform.
- [ ] Nennen Sie 5 Verkehrsmittel.
- [ ] Ο Γιώργος είναι νέος, καλός, ωραίος και τέλειος. Η Μαρία είναι νέ...
- [ ] Nennen Sie 3 Substantive, die den Plural auf *-εις* bilden.
- [ ] Nennen Sie 4 Ortsangaben.
- [ ] Wie lauten die Präsensformen von *μπορώ*?
- [ ] Nennen Sie 5 Gerichte, die man auf einer griechischen Speisekarte finden kann.
- [ ] Wie heißen die Vergangenheitsformen von *έχω*?
- [ ] Nennen Sie 5 Gegenstände, die auf einem gedeckten Tisch zu finden sind.
- [ ] Ergänzen Sie jeweils die korrekte Form von *πολύς*: ... Έλληνες, ... κόσμος, ... αγάπη, ... καλό γλυκό.
- [ ] Sagen Sie es in der Vergangenheit: Γυρίζω στο σπίτι. Μαγειρεύω μελιτζάνες. Τρώω σκόρδο.
- [ ] Nennen Sie 5 Geschäfte und je ein Produkt dazu.
- [ ] Η Χρύσα τελειώνει με τη δουλειά της και την πληρώνουν. Αύριο η Χρύσα θα τελειώ...
- [ ] Nennen Sie 5 Farben und je einen Gegenstand in der Farbe.
- [ ] Verneinen Sie die Sätze: Πίνω πολύ καφέ. Να πιεις πολύ καφέ!
- [ ] Nennen Sie 5 Kleidungsstücke.
- [ ] Ergänzen Sie jeweils die korrekte Form von *αυτός*: ... ο χορός, ... οι καθηγήτριες, ... οι φίλοι, ... το βιβλίο.
- [ ] Wie lauten die Präsensformen von *θυμάμαι*?
- [ ] Nennen Sie zwei Verben, die den Aorist unregelmäßig bilden.
- [ ] Ein Mitspieler nennt eine Verbform im Präsens. Bilden Sie die Form im Futur und Aorist.

Μπλε ερώτηση → Πας τρία μπροστά.

- [ ] Beantworten Sie die Frage: Πού πήγατε διακοπές πέρσι; Πώς ήταν;
- [ ] Ein Mitspieler fragt Sie nach dem Weg: „Πώς μπορώ να πάω σ... ;“. Geben Sie ihm Auskunft.
- [ ] Sie wollen auf der Straße jemanden ansprechen, um etwas zu fragen. Was sagen Sie?
- [ ] Beantworten Sie die Frage: Τι πρέπει να κάνετε αύριο;
- [ ] Sie haben Ihren Gesprächspartner nicht verstanden. Was sagen Sie?
- [ ] Ein Mitspieler fragt Sie nach einem Gericht: „Τι είναι το...;“. Erklären Sie es ihm.
- [ ] In der Taverne: Der Kellner kommt an Ihren Tisch. Bestellen Sie für 4 Personen.
- [ ] Beantworten Sie die Frage: Τι και πού τρώτε συνήθως το βράδυ;
- [ ] Im Restaurant: Ein Mitspieler sagt Ihnen, was auf dem Tisch fehlt. Bitten Sie den Kellner darum.
- [ ] Ein Mitspieler fragt Sie, wo er etwas kaufen kann: „Ψάχνω...“. Geben Sie ihm Auskunft.
- [ ] Was wünschen Sie zu Beginn eines gemeinsamen Essens?
- [ ] Beim Einkaufen: Fragen Sie Ihre Mitspieler nach deren Rat zu einem Kleidungsstück.
- [ ] Beschreiben Sie die Kleidung einer Person im Raum.
- [ ] Am Markt: Ein Mitspieler nennt Ihnen einen Preis für ein Produkt. Handeln Sie den Preis herunter.
- [ ] Stellen Sie sich eine Person vor und erzählen Sie wichtige Etappen aus deren Leben.
- [ ] Beantworten Sie die Frage: Πότε πήγατε για πρώτη φορά στην Ελλάδα;
- [ ] Halten Sie eine sehr kurze Rede, in der Sie Ihrem Kursleiter / Ihrer Kursleiterin danken.
- [ ] Wählen Sie einen Beruf und sagen Sie, womit man dabei zu tun hat.
- [ ] Beantworten Sie die Frage: Γιατί μαθαίνετε ελληνικά;
- [ ] Sie haben per E-Mail eine Hotelreservierung geschickt und wollen telefonisch nachfragen. Was sagen Sie?

Gespielt wird in Gruppen von 2 bis 4 Personen im Uhrzeigersinn. Jeder Spieler setzt seine Spielfigur auf eines der vier Felder im kleinen Raum des Parthenon-Tempels. Ziel ist es, als Erster das Standbild der Athene im anderen Tempelraum zu erreichen.

Jeder Spieler entscheidet selbst, welchen Weg er dorthin nimmt. Der Spieler, der an der Reihe ist, wählt eine Aufgabe von S. 38.
Beantwortet er eine grüne Aufgabe richtig, darf er zwei Felder vorrücken. Findet er die richtige Antwort nicht, muss er stehenbleiben.
Beantwortet er eine blaue Aufgabe richtig, darf er drei Felder vorrücken. Ist die Antwort falsch, muss er ein Feld zurück.

Richtig gelöste Aufgaben werden auf S. 38 abgehakt und können erst wieder benutzt werden, wenn alle Aufgaben einmal gelöst wurden. Wenn ein Spielfeld bereits besetzt ist, muss man auf das dem Startpunkt nähere Feld davor ausweichen.

Sonderfelder: Zieht ein Spieler auf ein gelbes Feld, ist er gleich noch einmal an der Reihe. Landet ein Spieler auf einem weinroten Feld, dürfen alle anderen zwei Felder vorrücken.

Αμάν, λάθος ... τώρα πρέπει να πάω ένα πίσω.

Είσαι πάνω σε κίτρινο. Μπορείς να προχωρήσεις ένα μπροστά.

Αχ, όχι, το κυκλάκι είναι πιασμένο.

Θα πάρω τη μπλε ερώτηση.

Είμαι πάνω σε ροζ. Και τώρα;

Σωστά! Μπορείς να προχωρήσεις 3 μπροστά.

5 Συγχαρητήρια!

eine Einladung verstehen und darauf reagieren || über Geschenke sprechen, jemanden diesbezüglich beraten || Anweisungen, wie man sich verhalten soll, verstehen und geben || Besuch willkommen heißen || sich für die Gastfreundschaft bedanken || Glückwünsche aussprechen

1 Ευχαριστώ για την πρόσκληση!

α Κοιτάξτε και ταιριάξτε. Überfliegen Sie die Einladungstexte: Um welchen Anlass geht es jeweils?

εγκαίνια ☐ γάμος ☐ γιορτή ☐ βάφτιση ☐

A

Σας προσκαλώ με χαρά στη βάφτισή μου την Κυριακή 6 Αυγούστου και ώρα 11:30 π.μ. στον Ιερό Ναό Αγίου Γεωργίου στην Πάτρα.

Οι γονείς:
Κωνσταντίνος Ζώης
Αμαλία Σοφάκου

Η νονά και ο νονός:
Δήμητρα Τωρώνη
Ιωάννης Μερακλής

B

ΜΕ ΤΟ ΔΕΞΙ ΣΤΟ ΚΑΙΝΟΥΡΙΟ ΜΑΣ ΣΠΙΤΙ! ΕΛΑΤΕ ΤΟ ΣΑΒΒΑΤΟ ΒΡΑΔΥ ΣΤΙΣ 8 ΣΤΟ ΚΑΙΝΟΥΡΙΟ ΣΠΙΤΙ ΜΑΣ ΓΙΑ ΤΑ ΕΓΚΑΙΝΙΑ! ΦΙΛΙΑ

Γ

Γεια σου Σοφία,
Τι κάνεις; Έχεις σχέδια για την επόμενη Παρασκευή στις 6 του μήνα; Θα γιορτάσω στο σπίτι μου (Geisselstr. 6) τη γιορτή μου. Θα είμαστε οι γνωστοί όπως κάθε χρόνο. Έλα μετά τις εφτά αν μπορείς. Θα χαρώ πολύ να σε δω την Παρασκευή.
Πολλά φιλιά
Νίκος

Δ

Ήρθε η ώρα και...
παντρευόμαστε!
Το Σάββατο 31 Ιουλίου
και ώρα 7:00 μ.μ.
στον Ιερό Ναό
Παναγίας Μεγαλοχάρης
Κομοτηνής.

Άρης & Ρένα

Οικογένειες:
Μαριλένας Παρασκευοπούλου
Κυριαζή & Άννας Ανθομελίδη

Κουμπάρος:
Αντώνης Γαλάνης

Μετά το μυστήριο σάς περιμένουμε
στο Ξενοδοχείο «Νεφέλη»
Ερυθρού Σταυρού 64

Προαιρετική λίστα γάμου στο
Πολυκατάστημα ΙΣΠΑΝΟΣ

Αγαπητή μου Bea,

μαζί με αυτό το γράμμα σού στέλνω και την πρόσκληση για το γάμο μας! Θα χαρώ πολύ να σε δω. Πάρε το αεροπλάνο για Θεσσαλονίκη και έλα. Ο αδερφός μου μπορεί να σε πάρει από το αεροδρόμιο και εδώ στην Κομοτηνή μπορείς να μείνεις στην ξαδέρφη μου, τη Μαρίνα, στο χωριό. Έχει μεγάλο σπίτι και μπορεί να σε φιλοξενήσει.
Πολλά φιλιά
Ρένα

β Διαβάστε και βάλτε το σωστό γράμμα. Lesen Sie und ordnen Sie zu: Zu welcher Einladung passt der Text?

☐ Ευχαριστώ για την πρόσκληση! Φυσικά και θα έρθω! Θα φτάσω την ίδια μέρα! Θα χαρώ πολύ να είμαι κοντά σας αυτήν τη μέρα. Ευχαριστώ και την ξαδέρφη σου! Ναι, ευχαρίστως θα μείνω στο σπίτι της. Ο αδερφός σου όμως δεν χρειάζεται να έρθει στο αεροδρόμιο. Θα πάρω το λεωφορείο. Χαίρομαι πολύ! Φιλιά.

γ Μιλήστε. Diskutieren Sie, in welchem Medium am besten geantwortet werden soll.

Εγώ νομίζω ότι πρέπει να απαντήσει με... μήνυμα / γράμμα / e-mail / τηλεφώνημα, γιατί είναι... γρήγορο / φιλικό / επίσημο.

AB 1-4 **δ** Γράψτε. Schreiben Sie eine kleine Antwort auf eine der anderen Einladungen.

2 Τι δώρο θα αγοράσεις στο ζευγάρι;

α Σημειώστε. Notieren Sie jeweils die passende Bezeichnung zu den Bildern.

~~κουφέτα~~ ▪ λαμπάδες
τηλεόραση ▪ δαχτυλίδια ▪ μπουκέτο
στέφανα ▪ ταξίδι

1. ______________

2. ______________

3. ______________

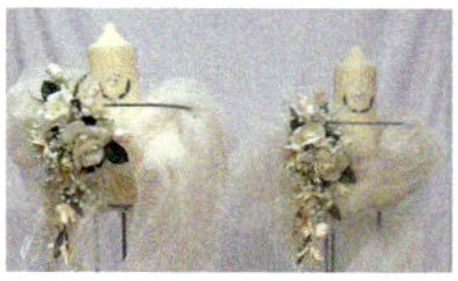
4. ______________

5. ______________

6. ______________

7. κουφέτα

β Μιλήστε και ταιριάξτε. Überlegen Sie gemeinsam, wer wem was schenkt.

1. Ο γαμπρός δίνει	α) ένα ταξίδι στους κουμπάρους.
2. Το ζευγάρι χαρίζει	β) τα στέφανα στο ζευγάρι.
3. Οι καλεσμένοι παίρνουν	γ) το μπουκέτο στη νύφη.
4. Ο κουμπάρος αγοράζει	δ) δώρα στο ζευγάρι.

AB 5-10a

Ναι, σωστά!
Μα τι λες;
Αλήθεια; Ο κουμπάρος...;

3 Τι να της πάρω;

13 **α** Ακούστε και βάλτε ένα Χ. Hören Sie das Telefongespräch und kreuzen Sie an.

1. Η Βεα παίρνει τηλέφωνο, γιατί θέλει ☐ να κάνει διακοπές. ☐ τη βοήθεια του Νίκου.
2. Θα φέρει δώρο ☐ στο ζευγάρι και στην ξαδέρφη. ☐ στους γονείς και στο ζευγάρι.

β Σωστό (Σ) ή λάθος (Λ); Richtig oder falsch?

1. Στην Ελλάδα συνήθως οι συγγενείς φιλοξενούν τους καλεσμένους, λέει ο Νίκος. ☐
2. Είναι καλή ιδέα να πάρει κάτι ελληνικό για την ξαδέρφη. ☐
3. Ο Νίκος λέει στη Βεα να μην πάρει κάτι από τη λίστα γάμου. ☐
4. Ο Νίκος λέει ότι πρέπει να πάρει δώρο και στους γονείς. ☐

γ Συμπληρώστε και ακούστε. Ergänzen Sie und hören Sie anschließend noch einmal zur Kontrolle.

δεν έχω ιδέα ▪ δεν χρειάζεται ▪ ~~Θέλω~~ ▪ Καλό είναι ▪ Μπορείς ▪ Πρέπει ▪ πρέπει (x2)

● Ναι;
▶ Έλα, Νίκο, εγώ είμαι, η Βεα!
● Α, γεια σου Βεα, τι κάνεις; Όλα καλά;
▶ Μια χαρά, μια χαρά. Νίκο, ____________ να με βοηθήσεις.
● Θέλεις βοήθεια; Σε τι;
▶ Θα πάω σε ένα γάμο στην Ελλάδα τον Ιούλιο και θα μείνω στην ξαδέρφη της νύφης. __Θέλω__ να της πάω κι ένα δώρο, αλλά ____________ τι να της πάρω. Εσύ τι λες;
● Σε γάμο; Μμ, για την ξαδέρφη ____________ να αγοράσεις κάτι μεγάλο. Στην Ελλάδα συνήθως φιλοξενούν οι συγγενείς τους καλεσμένους, δηλαδή οι θείοι, οι θείες και τα ξαδέρφια. ____________ να πάρεις κάτι από τη Γερμανία, κάτι γερμανικό.
▶ Λες, ε; Δίκιο έχεις, καλή ιδέα. Και τι να αγοράσω για το ζευγάρι; Τι παίρνουν στους γάμους στην Ελλάδα;
● ____________ να τους χαρίσεις κάτι για το σπίτι. Δεν ξέρω... Μήπως έχουν λίστα γάμου;
▶ Ναι, κάτι λέει η πρόσκληση για λίστα γάμου.
● Για κοίτα ξανά στην πρόσκληση. Να πάρεις κάτι απ' τη λίστα αν έχει.
▶ Εντάξει. Δεν μου λες, ____________ να κάνω δώρο και στους γονείς;
● Όχι, ρε, δώρο και στο ζευγάρι και στην ξαδέρφη και στους γονείς; Τι είσαι, Άγιος Βασίλης; Απλά ένα δώρο για το ζευγάρι, ε, και μην πας έτσι, με άδεια χέρια, στην ξαδέρφη.
▶ Εντάξει, Νίκο μου! ____________ να κλείσω, γιατί είμαι στη δουλειά. Σ' ευχαριστώ για τις συμβουλές σου.
● Τίποτα, Βεα μου. Καλά να περάσεις στο γάμο!
▶ Ευχαριστώ, γεια!
● Αντίο.

δ Υπογραμμίστε και σημειώστε. Unterstreichen Sie im Text alle Verbkonstruktionen mit *να* und ordnen Sie sie den folgenden Rubriken zu.

1. „WILL“: ____________
2. „KANN“: ____________
3. „SOLL“: ____________
4. „MUSS“: __πρέπει να με βοηθήσεις,__
5. „MUSS NICHT SEIN“: ____________
6. „GUT“: ____________

ε Μιλήστε για τα δώρα. Diskutieren Sie:
Was würden Sie einem griechischen Bekannten in Bezug auf Ihr Land antworten?

- Πρέπει στη βάφτιση να κάνω δώρο και στους γονείς;
- Τι να πάρω στα εγκαίνια του φίλου μου;
- Τι αγοράζουν στις γιορτές;

AB 10b-12

4 Να ζήσετε!

α Διαβάστε και μιλήστε. Lesen Sie und überlegen Sie gemeinsam: Richtig (Σ) oder falsch (Λ)?

1. Το άρθρο στο περιοδικό λέει να μην πας στο γάμο του πρώην σου. ☐
2. Τα DO's και τα DON'Ts είναι συμβουλές για τη μέρα του γάμου. ☐

ΣΗΜΕΡΑ ΓΑΜΟΣ ΓΙΝΕΤΑΙ... ΑΛΛΑ ΔΥΣΤΥΧΩΣ ΤΟΥ ΠΡΩΗΝ ΣΟΥ!

Χώρισες με το φίλο σου και μόνο λίγους μήνες αργότερα σου στέλνει την πρόσκληση για το γάμο του; Τι πρέπει να κάνεις; Πώς μπορείς να δείξεις χαρακτήρα;

DO's

- ⊕ Απάντησε στην πρόσκληση και γράψε ότι θα πας ευχαρίστως.
- ⊕ Γιόρτασε την προηγούμενη μέρα στο σπίτι του γαμπρού μαζί με τους άλλους καλεσμένους.
- ⊕ Αγόρασε ένα δώρο από τη λίστα γάμου.
- ⊕ Γράψε μία όμορφη κάρτα με τις τυπικές ευχές.
- ⊕ Πες στο ζευγάρι «Να ζήσετε!» μετά την τελετή.

DON'Ts

- ⊖ Μη χορέψεις τον πρώτο χορό δίπλα στο γαμπρό.
- ⊖ Μην πας να κόψεις την τούρτα.
- ⊖ Μη χαρίσεις στο ζευγάρι μαχαίρια.
- ⊖ Μη ρωτήσεις το ζευγάρι μετά την τελετή πότε θα χωρίσουν.
- ⊖ Μη ρίξεις αυγά αντί για ρύζι.

β Κοιτάξτε και συμπληρώστε. Sehen Sie im Text nach und vervollständigen Sie die Tabelle.

αγοράζω	________! / Αγοράσ**τε**!	**Μην** αγοράσ**εις**! / **Μην** αγοράσ**ετε**!
ρωτάω	Ρώτησ**ε**! / Ρωτήσ**τε**!	**Μη** ________! / **Μη** ρωτήσ**ετε**!
λέω	________! / **Πέστε**!	**Μην πεις**! / **Μην πείτε**!

γ Γράψτε κι εσείς μία λίστα.
Schreiben Sie gemeinsam eine ähnliche Liste für eine Hochzeit in Ihrem Land.

AB 13-14

ΤΑ DO's & DON'Ts ΓΙΑ ΕΝΑ ΓΑΜΟ ΣΤΗΝ...

5 Ευχαριστούμε για τη φιλοξενία!

14

α Ακούστε και βάλτε ένα Χ. Hören Sie und kreuzen Sie an.

Η Βεα φέρνει στη Μαρίνα ☐ μία βαλίτσα ☐ μία βυσσινάδα ☐ σοκολατάκια.

β Ακούστε ξανά και βάλτε στη σειρά. Hören Sie erneut und bringen Sie die Bilder in die richtige Reihenfolge.

Α ☐

Β ☐

Γ ☐

Δ ☐

Ε ☐

Ζ ☐

γ Ταιριάξτε και ακούστε. Ordnen Sie die Sätze den Bildern zu und hören Sie anschließend erneut.

☐
- Ορίστε, μία βυσσινάδα.
- Στην υγειά σου! Καλώς ήρθες!
- Καλώς σας βρήκα!

☐
- Από 'δω η Βεα.
- Ελάτε παιδιά, περάστε μέσα!

☐
- Πήγαινε λίγο κάτω στο ζαχαροπλαστείο... και δες αν έχουν τσουρέκια.

☐
- Αφήστε τις βαλίτσες σας.
- Άσε την τσάντα σου εδώ.

☐
- Σου έφερα κάτι από τη Γερμανία.
- Για πες, τι είναι;
- Για κοίτα!
- Τόσα πολλά πράγματα! Καλέ, δεν ήταν ανάγκη!

☐
- Έλα, Βεα, κάτσε!
- Στάθη, καθίστε.

δ Κοιτάξτε και συμπληρώστε. Sehen Sie sich die Dialoge an und ergänzen Sie die Imperative.

πάω	________ / Πηγαίνετε!
κοιτάω	________ / Κοιτάξτε!
περνάω	Πέρασε! / ________

αφήνω	________ / ________
βλέπω	________ / Δείτε!
κάθομαι	________ / ________

ε Παίξτε στην τάξη. Eine Gruppe stellt eine Situation bei einem Besuch pantomimisch dar, die andere ergänzt den dazu passenden Wortwechsel.

AB 15-17

6 Τι εύχονται στις γιορτές;

15

α Ακούστε και συμπληρώστε. Hören Sie und kreuzen Sie an.

Στη ραδιοφωνική εκπομπή μιλάει
- ☐ ένας παπάς
- ☐ μία καθηγήτρια

- ☐ για τις ευχές στις γιορτές.
- ☐ για το γερμανικό πολιτισμό.

β Ταιριάξτε και ακούστε ξανά. Ordnen Sie die Glückwünsche den Bildern zu und hören Sie anschließend noch einmal.

Γεια στα χέρια σου! ▪ Και στα δικά σου! ▪ Καλώς ήρθες! / Καλώς ήρθατε! Καλώς σας βρήκα(με)! ▪ Να ζήσετε! ▪ Να σας ζήσει! ▪ Να τα εκατοστίσεις! ~~Να τον / τη χαίρεστε!~~ ▪ Πάντα άξιος, -α! (x2) ▪ ~~Χρόνια πολλά!~~

γενέθλια / ονομαστική γιορτή:

Χρόνια πολλά!
Να τον / τη χαίρεστε!
γενέθλια: ______

γάμος:

______
______
______

βάφτιση:

______
______

καλεσμένοι:

______
______
______

γ Γράψτε ένα φυλλάδιο.
Erstellen Sie einen Ratgeber für Ihr Land. Jede Gruppe übernimmt einen festlichen Anlass.

AB 18-19

▪ Πού γλεντάνε; ▪ Τι (δεν) φοράνε; ▪ Τι δώρα (δεν) φέρνουν; ▪ Τι (δεν) εύχονται;

7 Σήμερα γάμος γίνεται!

16

α Συμπληρώστε και ακούστε. Welches Wort könnte jeweils passen? Ergänzen Sie und hören Sie anschließend das Lied.

Σήμερα γά-, σήμερα γάμος γίνεται,
σ' ωραίο ________________ (1).

Σήμερα απο-, σήμερα αποχωρίζεται,
η ________________ *από την κόρη* (2).

Γαμπρέ τη νύ-, γαμπρέ τη νύφη ν' αγαπάς,
να μην τηνε ________________ (3).

Σαν το βασί-, σαν το βασιλικό στη γη,
να τηνε ________________ (4).

τηνε = την

1. περιβόλι ▪ σπίτι ▪ σχολείο
2. αδερφή ▪ κουμπάρα ▪ μάνα
3. μαλώνεις ▪ πληρώνεις ▪ φοβάσαι
4. καμαρώνεις ▪ περιμένεις ▪ ταξιδεύεις

β Μιλήστε στην τάξη. Unterhalten Sie sich im Kurs.

- Πότε τραγουδάνε αυτό το τραγούδι; Τι νομίζετε;
- Υπάρχουν τραγούδια γάμου στη χώρα σας;
- Τι άλλα έθιμα γνωρίζετε στην Ελλάδα / στη χώρα σας;

Με δυο λόγια

Εκφράσεις

Σας προσκαλώ με χαρά στη βάφτισή μου.
Θα χαρώ πολύ να σε δω.
Θα γιορτάσω στο σπίτι μου τη γιορτή μου.
Ευχαριστώ για την πρόσκληση!

Καλώς ήρθες! / Καλώς ήρθατε!
Καλώς σας βρήκα! / Καλώς σας βρήκαμε!
Έλα, κάτσε! / Ελάτε, καθίστε!

Σ' ευχαριστώ για τη φιλοξενία.

Τι να αγοράσω για το ζευγάρι;
Τι παίρνουν στους γάμους στην Ελλάδα;
Μπορείς να τους χαρίσεις κάτι για το σπίτι.
Μην πας έτσι, με άδεια χέρια!
Δεν χρειάζεται να αγοράσεις κάτι μεγάλο.
Καλό είναι να πάρεις κάτι γερμανικό.

Χρόνια πολλά!
Να τα εκατοστίσεις!
Να ζήσετε!
Να σας ζήσει!

Γραμματική

„Indirektes Objekt": Präposition *σε* + Akkusativ → GR 3

Sing.	Nominativ		ο κουμπάρος	η νύφη	το παιδί
	„indirektes Objekt"	Αγοράζω ένα δώρο...	**στον** κουμπάρο	**στη** νύφη	**στο** παιδί
Plural	Nominativ		οι γονείς	οι θείες	τα παιδιά
	„indirektes Objekt"	Αγοράζω ένα δώρο...	**στους** γονείς	**στις** θείες	**στα** παιδιά

Ausdrücke mit der Υποτακτική (*να* + 2. Verbstamm) → GR 11.1.3

Θέλω να της πάω ένα δώρο.
Μπορείς να τους χαρίσεις κάτι για το σπίτι.
Πρέπει να κάνω δώρο και στους γονείς;

Δεν χρειάζεται να αγοράσεις τίποτα για τους γονείς.
Δεν έχω ιδέα **τι να** αγοράσω για την ξαδέρφη.
Καλό είναι να πάρεις κάτι μικρό.

Imperativ → Verbliste im Umschlag

αγοράζω	Αγόρασ**ε**! / Αγοράσ**τε**!	**Μην** αγοράσ**εις**! / **Μην** αγοράσ**ετε**!
ρωτάω	Ρώτησ**ε**! / Ρωτήσ**τε**!	**Μη** ρωτήσ**εις**! / **Μη** ρωτήσ**ετε**!

αφήνω	Άσε! / Αφήστε!
βλέπω	Δες! / Δείτε!
έρχομαι	Έλα! / Ελάτε!
κάθομαι	Κάτσε! / Καθίστε!

κοιτάω	Κοίτα! / Κοιτάξτε!
λέω	Πες! / Πείτε!
παίρνω	Πάρε! / Πάρτε!
πάω	Πήγαινε! / Πηγαίνετε!

Μπορώ...

	ich	___	Aufgabe
... eine schriftliche Einladung z. B. zur Taufe oder Hochzeit verstehen.			1
... auf eine Einladung reagieren.			1
... mich über Geschenke unterhalten.			2
... jemanden bei der Wahl von Geschenken beraten.			3
... Anweisungen, wie man sich verhalten soll, verstehen und geben.			3, 4
... Gäste willkommen heißen und bewirten.			5
... jemandem für die Gastfreundschaft danken.			5
... Glückwünsche zu verschiedenen Anlässen aussprechen.			6

6 Περαστικά!

Körperteile benennen ‖ das Aussehen von Personen beschreiben ‖ Vergleiche anstellen ‖ Krankheiten und Symptome benennen ‖ Erschrockenheit und Mitgefühl ausdrücken ‖ gute Besserung wünschen ‖ über Dosierung von Medikamenten sprechen ‖ wiedergeben, was ein Anderer fragt bzw. sagt

1 Η κόρη έχει...

α Ταιριάξτε και μιλήστε. Ordnen Sie zu und tauschen Sie sich über Ihre Ergebnisse aus.

αυτί, -ιά ■ κεφάλι ■ κοιλιά ■ λαιμός ■ μαλλιά ■ μάτι, -ια ■ μύτη
πόδι, -ια ■ ~~στήθος~~ ■ στόμα ■ στομάχι ■ ~~χέρι, -ια~~

1. το ______
2. το/τα ______
3. η ______
4. το ______
5. το στήθος
6. το/τα χέρι, -ια

7. το/τα ______
8. τα ______
9. ο ______
10. το ______
11. η ______
12. το/τα ______

το στήθ**ος** – **τα** στήθ**η**

Κόρη «Φρασίκλεια»
περίπου 540 π.Χ., Αττική
του καλλιτέχνη Αριστίων Παρίου
άγαλμα του τύπου της κόρης

Πού είναι η μύτη;
Νάτη! Είναι στο κεφάλι.
Και τα χέρια;
Νάτα! Το ένα είναι μπροστά από ...

Νάτος! = Να ~~αυ~~τός!
Νάτη! = Να ~~αυ~~τή!
Νάτο! = Να ~~αυ~~τό!

β Ρωτήστε και απαντήστε.
Ihr Partner schlägt Seite 96 auf. Finden Sie heraus, was der Statue dort „fehlt".

AB 1-4

Η κόρη σου έχει πόδια;
Πόσα χέρια έχει; Και τα δύο ή μόνο το δεξί / αριστερό;
Μήπως της λείπει...;

2 Ο Λεωνίδας είναι ο πιο μικρός.

α Διαβάστε και συμπληρώστε. Lesen Sie den Text und ergänzen Sie Namen und Alter der Kinder.

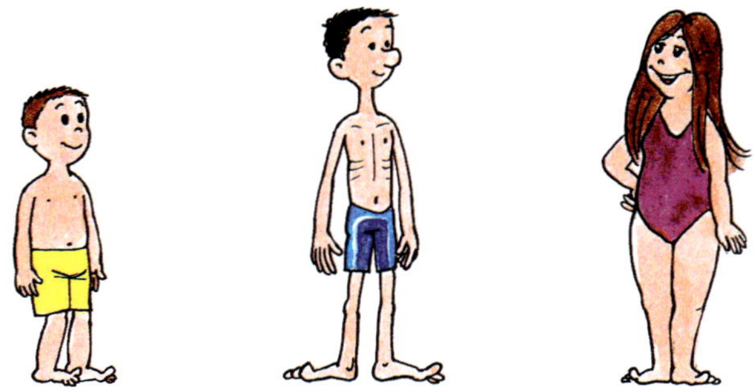

Τα αγόρια μου είναι οχτώ και πέντε χρονών.
Η κόρη μου, η Αλεξία, είναι πιο μεγάλη από τον Τάκη, είναι έντεκα χρονών, αλλά ο Τάκης είναι τόσο ψηλός όσο η Αλεξία.
Η Αλεξία είναι λίγο παχουλή.
Τα αγόρια είναι πιο λεπτά.
Ο Λεωνίδας είναι ο πιο μικρός (και ο πιο κοντός).

______	Τάκης	______
___ χρονών	___ χρονών	___ χρονών

β Πώς το λένε στα ελληνικά; Συμπληρώστε και μιλήστε. Wie heißt es auf Griechisch? Ergänzen Sie aus dem Text und stellen Sie weitere Vergleiche an.

Er ist **so** groß **wie** Alexia.	______
Sie ist ält**er** (größ**er**) **als** Takis.	______
Er ist **der** Klein**ste** / Jüng**ste**.	______

AB 5-7

3 Ποιος είναι; Το αγόρι που διαβάζει;

17

α Ακούστε και βάλτε το σωστό γράμμα.
Hören Sie und notieren Sie Buchstaben entsprechend der Legende.

Ντ = τα παιδιά της Ντίνας
Μ = τα παιδιά της Ματούλας

β Ακούστε ξανά και βάλτε ένα Χ. Hören Sie erneut und kreuzen Sie an: Was trifft zu?

1. Η κόρη της Ντίνας είναι αυτή
   - ☐ που παίζει με τον μπαμπά της.
   - ☐ που κάθεται στην πράσινη πετσέτα.
2. Η κόρες της Ματούλας είναι αυτές
   - ☐ που κάθονται μέσα στη βάρκα.
   - ☐ που δεν έχουν μαύρα μαλλιά.
3. Ο γιος της Ντίνας είναι εκεί
   - ☐ που είναι η βάρκα.
   - ☐ που είναι οι κοπέλες που είναι τόπλες.
4. Ο μικρός γιος της Ντίνας είναι ο μικρούλης
   - ☐ που κλαίει κάτω από το βράχο.
   - ☐ που διαβάζει στην παραλία.

γ Κοιτάξτε και συμπληρώστε. Lesen Sie in 3β nach und ergänzen Sie das Relativpronomen.

αυτός, -ή, -ό	_____ κάθεται στην πράσινη πετσέτα
αυτοί, -ές, -ά	**που** κάθονται στην παραλία
εκεί	_____ είναι η βάρκα

δ Κοιτάξτε την εικόνα και απαντήστε. Sehen Sie sich das Bild auf S. 49 an und antworten Sie.

1. Ποιος είναι ο άντρας της Ματούλας;
2. Ποια είναι τα παιδιά της Ματούλας;
3. Ποιος είναι ο Λεωνίδας;
4. Ποια είναι τα αδέρφια του Λεωνίδα;
5. Ποια είναι η Ντίνα;

AB 8-9

Ο άντρας της Ματούλας είναι αυτός που...
Η Ντίνα είναι αυτή που...

4 Είμαι άρρωστη!

α Ταιριάξτε. Ordnen Sie zu und formulieren Sie, was die Patienten selbst sagen.

☐ Καίτη ☐ Θέμης ☐ Λίτσα ☐ Τασία ☐ Έλλη ☐ Μίμης ☐ Λεωνίδας 5 Λία

1. Πονάει η μέση της.
2. Έχει πονοκέφαλο.
3. Πάτησε έναν αχινό.
4. Πονάει πολύ το δόντι του!
5. Έχει αναγούλες, είναι έγκυος.
6. Είναι κρυωμένος και έχει πυρετό.
7. Είναι κρυωμένη και πονάει ο λαιμός της.
8. Πονάει η κοιλιά της κι έχει διάρροια.

Ο Λεωνίδας λέει: «Πάτησα έναν αχινό.»

β **Διαβάστε και ταιριάξτε.** Lesen Sie die Beiträge im Internetforum. Worum geht es jeweils? Ordnen Sie die drei Themen zu.

☐ Ψηλή θερμοκρασία ☐ Πονάει η μέση μου ☐ Τσίμπημα αχινού

	Λίτσα 19/06, 20:03	Παίζω κιθάρα εδώ και πολλά χρόνια. Αλλά κάθε φορά που παίζω, πονάει η μέση μου. Το έχετε κι εσείς αυτό το πρόβλημα;
A	Στάθης 19/06, 22:34	Και δεν μου λες; Τώρα τι ψάχνεις; Φίλους ή θεραπεία; :-) Δεν ξέρω. Τι να σου πω; Κάνε μασάζ... ή άσε την κιθάρα. Ε, και έχει και χάπια για τον πόνο!
	Λίτσα 19/06, 22:51	Να σταματήσω την κιθάρα;;; Με τίποτα! Μάλλον θα πάω για μασάζ τότε. Ποιος γνωρίζει καλή φυσιοθεραπεύτρια; ...ή καλό φυσιοθεραπευτή; ;-)
	Ντινάκι 12/07, 15:36	Γεια σας. Ποιος ξέρει από τσιμπήματα αχινού; Ήμουν με τα παιδιά μου σήμερα στη θάλασσα και ο πιο μικρός μου πάτησε έναν αχινό. Είναι επικίνδυνο; Τι να τον κάνω;
	Ιπποκράτης 37 12/07, 15:45	Κρίμα το καημένο! Πονάει πολύ; Είναι χοντρό το πόδι του; Ζαλίζεται; Μπορεί να έχει αλλεργικό σοκ. Περαστικά!
B	Ντινάκι 12/07, 16:01	Ιπποκρατούλη, σ' ευχαριστώ για την απάντηση. Έχει έντονο πόνο. Ναι, πονάει πολύ ο μικρός. Το πόδι του δεν είναι χοντρό, μόνο κόκκινο είναι. Αλλά για καλό και για κακό, θα πάω στο φαρμακείο.
	Γωγώ_GR 12/07, 17:23	Ντινάκι μου, καλά θα κάνεις. Να τον πας ή στο φαρμακείο ή στο γιατρό οπωσδήποτε! Το αλλεργικό σοκ μπορεί να είναι πολύ επικίνδυνο. Εγώ μια φορά είχα ένα αλλεργικό σοκ από τσίμπημα μέλισσας. Είχα και πονοκέφαλο και αναγούλες. Κι εγώ νόμιζα ότι ήταν ηλίαση.
	Μίμης 13/07, 09:10	Αχ, είμαι άρρωστος! Έχω 39 πυρετό από χθες το βράδυ. Τι να κάνω; Εσείς τι κάνετε όταν έχετε πυρετό; Να κάνω μπάνιο με παγάκια; Ή να κάνω καφέ με λεμόνι;
Γ	Greek-Jazz 13/07, 11:38	Παναγία μου! Δεν είσαι καλά!! Πρέπει να μείνεις στο κρεβάτι. Τέλος! Ούτε παγάκια ούτε φραπεδάκια! Πρέπει να πας στο γιατρό. Θα σου δώσει ή υπόθετα ή αντιβιοτικό. ...και ο καφές με λεμόνι είναι για διάρροια.

γ **Σωστό ή λάθος; Σημειώστε.** Richtig oder falsch? Notieren Sie *Σ* oder *Λ*.

1. Η Λίτσα λέει ότι πονάει το κεφάλι της όταν παίζει κιθάρα. ☐
2. Η Λίτσα δεν θέλει να σταματήσει την κιθάρα. ☐
3. Ο γιος της Ντίνας έφαγε έναν αχινό στη θάλασσα. ☐
4. Ο μικρός έχει έντονο πόνο. ☐
5. Ο πονοκέφαλος και οι αναγούλες μπορεί να είναι από αλλεργικό σοκ. ☐
6. Ο Μίμης έχει διάρροια. ☐

AB 10-15

δ **Μιλήστε μεταξύ σας.** Sprechen Sie über Krankheiten und geben Sie sich gegenseitig Tipps.

Εγώ έχω συχνά... / Πονάει συχνά...
Λυπάμαι. Πρέπει να...

5 Θα σας δώσω μια αλοιφή για το τσίμπημα.

18

α **Ακούστε και βάλτε ένα Χ.** Hören Sie und kreuzen Sie an.

Η Ντίνα και ο Λεωνίδας είναι ☐ στο γιατρό. ☐ στο νοσοκομείο. ☐ στο φαρμακείο.

β Ταιριάξτε και συμπληρώστε. Ordnen Sie zu, ergänzen Sie den Dialog und hören Sie erneut.

Wie kann man ...
1. ... fragen, was jemandem fehlt?
2. ... Mitleid ausdrücken?
3. ... zeigen, dass man erschrocken ist?
4. ... jemandem gute Besserung wünschen?
5. ... nach der Dosierung fragen?
6. ... sagen, dass man bis zu drei Tabletten am Tag einnehmen kann?
7. ... sagen, dass man die Salbe morgens und abends auftragen soll?
8. ... empfehlen, zum Arzt zu gehen?

- ☐ Κρίμα τον/το καημένο / την καημένη!
- ☐ Παναγία μου! / Αχού!
- ☐ Περαστικά (σου)!
- ☐ Πώς να τα πάρω / πάρουμε;
- ☐ Τι έχεις; / Τι έγινε; / Τι έκανες εδώ;
- ☐ Την αλοιφή τη βάζουμε πρωί και βράδυ.
- ☐ Να πάτε σε έναν γιατρό, αν δεν είναι καλύτερα μέχρι αύριο.
- ☐ Από τα χάπια μπορεί να πάρει μέχρι και τρία χαπάκια τη μέρα.

● Καλησπέρα σας.
▶ Γεια σας! Ορίστε.
● Έρχομαι για το μικρό εδώ. Κοιτάξτε το ποδαράκι του.
▶ ____________________; Για να δω λίγο.
● Λεωνίδα, για πες! ... Ντρέπεται και δεν μιλάει τώρα. Λοιπόν, ήμασταν στη θάλασσα και νομίζω ότι πάτησε έναν αχινό. Βρήκα και δυο-τρία αγκάθια.
▶ Τα τραβήξατε τα αγκάθια; Τα αγκάθια του αχινού τα τραβάμε αμέσως.
● Ναι, ναι, τα τράβηξα όταν ήμασταν ακόμη στη θάλασσα. Αλλά τώρα ο μικρός πονάει. Τι να τον κάνω;
▶ Θα σας δώσω μια αλοιφή για το τσίμπημα και παιδικά παυσίπονα χάπια.
● ______________________________;
▶ Από τα χάπια μπορεί να πάρει μέχρι και τρία χαπάκια τη μέρα, δηλαδή τρεις φορές τη μέρα: πρωί, μεσημέρι, βράδυ. Την αλοιφή τη βάζουμε πρωί και βράδυ για δυο-τρεις μέρες. Να πάτε σε έναν γιατρό, αν δεν είναι καλύτερα μέχρι αύριο, δηλαδή αν είναι το ποδαράκι του ακόμη κόκκινο και αν πονάει. ____________________, μικρέ!
● Ευχαριστούμε πολύ. Πόσο κάνουν όλα μαζί;
▶ Η αλοιφή κάνει...

τραβάω – τράβηξα

γ Παίξτε στην τάξη. Wählen Sie eine der Situationen, verteilen Sie die Rollen und spielen Sie dann zu zweit.

AB 16-18

A Είστε άρρωστος/-η και πάτε στο φαρμακείο. Πείτε στο φαρμακοποιό τι έγινε.
B Είστε φαρμακοποιός. Πείτε στον πελάτη / στην πελάτισσα τι πρέπει να κάνει.

τσίμπημα αχινού | πονάει το δόντι μου | ζαλίζομαι και έχω αναγούλες | διάρροια και πυρετός

6 Λέει πως δεν νιώθει πολύ καλά.

α Διαβάστε και μιλήστε. Lesen Sie und unterhalten Sie sich: Zu welchem Arzt gehen Sie?

Κάνετε διακοπές στο Βόλο και μένετε σε μία πανσιόν. Δίπλα σας μένει ένα ζευγάρι από την Ελβετία. Το μεσημέρι πήγατε μαζί για φαγητό. Ο Ελβετός δοκίμασε κοκορέτσι και τώρα πονάει η κοιλιά του και έχει αναγούλες. Δεν ξέρει πολύ καλά ελληνικά κι έτσι σας ρωτάει αν μπορείτε να πάτε μαζί του στο γιατρό. Σε ποιο γιατρό θα πάτε;

Ευλαμπία Μοσχογιάννη
Γενικός Ιατρός
Ώρες Ιατρείου:
Δευτέρα – Πέμπτη
9 π.μ. – 1 μ.μ. και
5.30 μ.μ. – 7 μ.μ.
Παρασκευή 9 π.μ. – 1 μ.μ.

ΓΕΩΡΓΙΟΣ
ΜΠΑΡΜΠΑΓΙΑΝΝΗΣ
Φυσιοθεραπεία
και Κινέζικη Ιατρική
Τηλ.: 2422025354

Αφροδίτη Σπύρου
Οδοντίατρος
Ώρες Ιατρείου:
Δευτέρα–Παρασκευή
9 π.μ. – 1.30 μ.μ.
Τρίτη–Πέμπτη
5.30 μ.μ. – 9.30 μ.μ.

19

β Ακούστε και βάλτε στη σειρά.
Hören Sie das Telefonat mit der Ärztin und bringen Sie die Sätze in die richtige Reihenfolge.

- ☐ Λέει ότι έχει ώρες ιατρείου το απόγευμα. ______
- ☐ Ρωτάει πότε έφαγε για τελευταία φορά. ______
- 1 Ρωτάει τι συμπτώματα έχει. ______
- ☐ Ρωτάει αν έχει και διάρροια. ______
- ☐ Λέει να έρθετε αμέσως. «Ελάτε αμέσως!»

γ Ακούστε ξανά και σημειώστε. Hören Sie erneut und notieren Sie in 6β, was die Ärztin genau sagt.

δ Κάντε μετάφραση για το γνωστό σας. Übersetzen Sie beim Arztbesuch für Ihren Bekannten.

1. „Ich habe Bauchschmerzen, Durchfall und mir ist schwindlig."
   Λέει ότι έχει ______
2. „Ich habe gewöhnlich keine Probleme mit dem Magen."
   ______
3. „Was soll ich trinken?"
   ______
4. „Muss ich im Bett bleiben?"
   ______
5. „Sie soll mir Tabletten und keine Zäpfchen aufschreiben."
   ______
6. „Wo ist hier in der Nähe eine Apotheke?"
   ______

ε Παίξτε στην τάξη με άλλα συμπτώματα.
Überlegen Sie sich andere Symptome und spielen Sie die Situation im Kurs.

AB 19-22

7 Τα βότανα στην ελληνική παράδοση

α Σημειώστε. Notieren Sie jeweils die deutsche Bezeichnung zu den Kräutern im Text.

Anis ▪ Balsam ▪ Lavendel ▪ Bergtee ▪ Rosmarin ▪ Thymian

β Δώστε συμβουλές.
Geben Sie Ratschläge: Welche Kräuter helfen Ihrer Erfahrung nach in den folgenden Fällen?

1. Ο Μάκης, όταν τρώει πολύ, συνήθως έχει πρόβλημα με το στομάχι του.
2. Η Στέλλα έχει πολύ στρες και δεν μπορεί να κοιμηθεί.
3. Τα παιδιά της Αγγέλας έχουν συχνά βήχα και κρυολογήματα.

Παλιά στην Ελλάδα – όπως και παντού – δεν είχε φαρμακεία. Τα φάρμακα τα είχαν στο σπίτι: το κρασί και το ξίδι, το λεμόνι, τα φρούτα, το ελαιόλαδο, το σκόρδο και το κρεμμύδι, αλλά και τα βότανα. Τα βότανα ανθίζουν στην Ελλάδα παντού κι έτσι βρίσκουμε ήδη νωρίς στην ιστορία της χώρας παραδοσιακές θεραπείες.

Γλυκάνισο

____

Δίνει το άρωμά του στο ούζο, αλλά είναι και φάρμακο για την πέψη μετά το φαγητό.

Βάλσαμο

____

Μέσα σε λάδι βοηθάει σε τσιμπήματα και τραύματα.

Τσάι του βουνού

____

Το τσάι του βουνού είναι ιδανικό για το λαιμό και για κρυολογήματα. Μπορούμε να το πιούμε ακόμη και το βράδυ γιατί δεν είναι σαν τον καφέ ή σαν το απλό τσάι.

Θυμάρι

____

Το θυμάρι το γνωρίζουμε από την ελληνική κουζίνα. Δεν είναι όμως μόνο για το φαγητό. Βοηθάει και όταν έχουμε βήχα.

Δεντρολίβανο

____

Αντί για καφέ μπορούμε να πάρουμε δεντρολίβανο. Μας κρατάει ξύπνιους και μας βοηθάει, όταν πρέπει να δουλέψουμε με το κεφάλι, δηλαδή βοηθάει στη συγκέντρωση. Εκτός από αυτό είναι καλό και για το δέρμα και για τα μαλλιά.

Λεβάντα

____

Η λεβάντα δεν είναι φυσικό αντιβιοτικό για τη γρίπη και δεν θεραπεύει το άσθμα, όπως πολλοί νομίζουν. Αλλά κάνει καλό όταν έχουμε άγχος (ή στρες, όπως το λέμε συνήθως), όταν δεν κοιμόμαστε καλά ή δεν έχουμε ύπνο, δηλαδή στην αϋπνία.

γ Διαβάστε, σημειώστε και κάντε μια λίστα. Lesen Sie, markieren Sie im Text die Krankheiten und erstellen Sie eine Liste mit den einschlägigen Heilkräutern.

Με δυο λόγια

Εκφράσεις

Η Αλεξία είναι πιο μεγάλη απ' τον Τάκη.
Ο Τάκης είναι τόσο ψηλός όσο η Αλεξία.
Ο Λεωνίδας είναι ο πιο μικρός.

Πονάει η μέση μου.
Είχα ένα αλλεργικό σοκ από τσίμπημα μέλισσας.
Είμαι κρυωμένος και έχω πυρετό.
Έχω πονοκέφαλο.
Πονάει η κοιλιά μου κι έχω διάρροια.
Πονάει πολύ το δόντι μου!

Παναγία μου!
Κρίμα τον/το καημένο!
Κρίμα την καημένη!

Περαστικά (σου/σας)!

Θα σας δώσω μια αλοιφή και παυσίπονα (χάπια).
Πώς να τα πάρω;
Τρεις φορές τη μέρα: πρωί, μεσημέρι, βράδυ.

Γραμματική

Hinweiswort *Νάτος!* → GR 6.3

Singular	Νάτος!	Νάτη!	Νάτο!
Plural	Νάτοι!	Νάτες!	Νάτα!

Neutra auf *-ος* → GR 3.8

Singular	**το**	στήθ**ος**
Plural	**τα**	στήθ**η**

Steigerung der Adjektive → GR 5.2

Positiv	Ο Τάκης είναι **τόσο ψηλός όσο** η Αλεξία.
Komparativ	Η Αλεξία είναι **πιο μεγάλη από** τον Τάκη.
Superlativ	Ο Λεωνίδας είναι **ο πιο μικρός**.

Relativpronomen *που* → GR 6.4

Ο μαθητής	
Η κοπέλα	**που** κάθεται εκεί.
Το παιδί	

Οι γονείς	
Οι φίλες	**που** είναι στην παραλία.
Τα παιδιά	

Εκεί **που** είναι η βάρκα.

Indirekte Rede

Direkte Rede	Indirekte Rede
«Έχει ώρες ιατρείου το απόγευμα**.**»	**Λέει ότι** έχει ώρες ιατρείου το απόγευμα.
«Έχει και διάρροια**;**»	**Ρωτάει αν** έχει και διάρροια.
«**Πότε** έφαγε**;**»	**Ρωτάει πότε** έφαγε.
«Ελάτε αμέσως**!**»	**Λέει να** έρθετε αμέσως.

Μπορώ...	ich	___	Aufgabe
... Körperteile benennen.			1
... das Aussehen von Personen beschreiben.			1, 2
... Vergleiche anstellen.			2
... sagen, was mir fehlt, wenn ich krank bin.			4, 5
... einem Kranken gegenüber mein Mitgefühl äußern.			4, 5
... jemandem gute Besserung wünschen.			4, 5
... über die Dosierung von Medikamenten sprechen.			5
... wiedergeben, was ein Anderer fragt / sagt.			6

7 Ενοικιάζεται...

über verschiedene Wohnsituationen sprechen ‖ nach einer Unterkunft suchen ‖ Wohnungsannoncen verstehen ‖ die Wohnungseinrichtung beschreiben ‖ über die Nutzung einer Wohnung sprechen ‖ sagen, was verboten / erlaubt ist ‖ ein formelles Schreiben verstehen

1 Εσύ πώς μένεις;

α Ταιριάξτε. Ordnen Sie die Beschreibungen den Abbildungen zu.

- [ ] γκαρσονιέρα με θέα την Ακρόπολη
- [ ] διαμέρισμα σε πολυκατοικία
- [5] εξοχικό με κήπο
- [ ] παραδοσιακό σπίτι στο νησί
- [ ] μονοκατοικία με πισίνα στον κήπο

20

β Ακούστε και βάλτε ένα Χ. Hören Sie zu und kreuzen Sie in 1α an: Welche Wohnformen werden im Gespräch genannt?

γ Ακούστε ξανά και ταιριάξτε. Hören Sie erneut und verbinden Sie: Was passt zusammen?

1. Ο γιος του	νοικιάζει μία γκαρσονιέρα	στη Θεσσαλονίκη	με θέα την Ακρόπολη.
2. Η μεγάλη κόρη	μένει σε ένα διαμέρισμα με μπαλκόνι	έξω απ' την Αθήνα	που είναι δικό της.
3. Η μικρή κόρη	έχει κι ένα εξοχικό με κήπο	στην Αθήνα	με ακριβό ενοίκιο.

δ Κι εσείς πού μένετε; Μιλήστε. Wo und wie wohnen Sie selbst? Unterhalten Sie sich.

AB 1-3

Εγώ μένω σε ένα διαμέρισμα.
Έχουμε δύο μπαλκόνια.
Το ενοίκιο δεν είναι πολύ ακριβό.
Εμείς δεν πληρώνουμε ενοίκιο. Το διαμέρισμα είναι δικό μας. Το αγοράσαμε πριν τρία χρόνια.

(ο) δικός μου, σου, του/της/του, μας, σας, τους

2 Θα είναι δύσκολο να βρω δωμάτιο;

α Κοιτάξτε και συμπληρώστε. Überfliegen Sie das Internetforum und ergänzen Sie.

Ο Ουρς από τη __________ ψάχνει __________ στη __________.

Urs	Βοήθεια!! Το καλοκαίρι θέλω να έρθω για τέσσερις μήνες στη Θεσσαλονίκη για μαθήματα ελληνικής γλώσσας (είμαι Ελβετός). Δεν γνωρίζω κανέναν εκεί. Μέχρι τώρα ψάχνω για δωμάτιο στο διαδίκτυο. Μόνο ξενοδοχεία βρίσκω ☹! Χρειάζομαι κάτι πιο οικονομικό. Κάποιος μου είπε ότι τον Αύγουστο ψάχνουν και πολλοί φοιτητές. Είναι αλήθεια; Θα είναι δύσκολο να βρω κανένα δωμάτιο ή καμία γκαρσονιέρα; Μπορεί να με βοηθήσει κανείς;
Nobody84	Λεφτά έχεις; Τότε δεν θα έχεις κανένα πρόβλημα!
Polymnia	Σωστά. Το καλοκαίρι ψάχνουν και οι φοιτητές δωμάτια. Στις εφημερίδες έχει στις μικρές αγγελίες προσφορές και για δωμάτια.
Urs	Δεν είμαι όμως στην Ελλάδα. Βρίσκομαι στη Ζυρίχη. Έχουμε και εδώ ελληνικές εφημερίδες, αλλά δεν έχουν πολλές αγγελίες. Υπάρχει καμία ιστοσελίδα με δωμάτια; Ή μήπως γνωρίζετε κανέναν που νοικιάζει δωμάτια στη Θεσσαλονίκη; Ή μήπως έχετε καμία άλλη ιδέα;
Greekstar	Δώσε «δωμάτιο» ή «διαμέρισμα» και «Θεσσαλονίκη» στο διαδίκτυο. Θα έχει σίγουρα κάποιες προσφορές.
Evanthia	Άκουσες ποτέ ότι υπάρχουν άτομα που κάνουν ανταλλαγή σπιτιών; Δηλαδή μένεις εσύ σ' ένα σπίτι στη Θεσσαλονίκη και αυτός από τη Θεσσαλονίκη μένει στο δικό σου σπίτι. Έτσι δεν πληρώνει κανείς. Το έκανα κι εγώ μια φορά και μου άρεσε πολύ. Γνωρίζεις τους γείτονες, μένεις σε ένα επιπλωμένο σπίτι, είσαι συνήθως στο κέντρο. Στο διαδίκτυο ψάξε καλύτερα για μεσιτικό γραφείο. Συχνά έχουν και αγγελίες για ανταλλαγή. Εγώ συνήθως ψάχνω στο www.mes|

β Σωστό (Σ) ή λάθος (Λ); Richtig oder falsch?

1. Ο Ουρς ψάχνει για τον Ιούλιο. ☐
2. Το δωμάτιο πρέπει να είναι φθηνό. ☐
3. Ο Ουρς κοιτάει στις εφημερίδες. ☐
4. Η Ευανθία έχει μια ιδέα για τον Ουρς. ☐

AB 4-7 **γ** Συμπληρώστε. Ergänzen Sie mithilfe des Textes und kreuzen Sie die passende Bedeutung an.

	jemand	niemand
1. Δεν γνωρίζω __________ εκεί.	☐	☐
2. __________ μου είπε ότι... ψάχνουν και πολλοί φοιτητές.	☐	☐
3. Μπορεί να με βοηθήσει __________;	☐	☐
4. Μήπως γνωρίζετε __________ που νοικιάζει δωμάτια...;	☐	☐
5. Έτσι δεν πληρώνει __________.	☐	☐

	(irgend)eine	kein/e
1. Θα είναι δύσκολο να βρω __________ δωμάτιο;	☐	☐
2. Τότε δεν θα έχεις __________ πρόβλημα!	☐	☐
3. Μήπως έχετε __________ άλλη ιδέα;	☐	☐
4. Θα έχει σίγουρα __________ προσφορές.	☐	☐

3 Ανταλλαγή: 2άρι, 65 τ.μ. 5ος όροφος.

α Ταιριάξτε. Ordnen Sie zu.

$1^{ος}$ ■ ~~$2^{ος}$~~ ■ $3^{ος}$ ■ $4^{ος}$ ■ $5^{ος}$ ■ $6^{ος}$ ■ $7^{ος}$ ■ $8^{ος}$ ■ $9^{ος}$ ■ $10^{ος}$

$1^{ος}/1^{η}/1^{ο}$
πρώτος, -η, -ο

___	___	___	$2^{ος}$	___	___	___	___	___	___
πρώτος	πέμπτος	δέκατος	δεύτερος	τρίτος	έβδομος	τέταρτος	έκτος	ένατος	όγδοος

β Διαβάστε και συμπληρώστε τον πίνακα. Lesen Sie die Anzeigen und machen Sie eine Übersichtstabelle. Was könnte für Urs (s. Aufgabe 2) interessant sein?

No	Δωμάτια; / τ.μ.	Όροφος;	Πού;	Τιμή;	Έξτρα πληροφορίες
1	1 / 30 τ.μ.	$4^{ος}$	Οδός Ολύμπου	€ 250	για υπενοικίαση, επιπλωμένο

2

Φωτεινό δωμάτιο για υπενοικίαση σε μοντέρνο διαμέρισμα στην οδό Ολύμπου, 30 τετραγωνικά μέτρα, επιπλωμένο, στον $4^{ο}$ όροφο με ασανσέρ. Ιδανικό για φοιτητή/φοιτήτρια. Τιμή: € 250 1

Ενοικιάζεται μονοκατοικία 120 τ.μ. στο Πανόραμα με κήπο, δύο υπνοδωμάτια (για 4 κρεβάτια), μεγάλη κουζίνα, τραπεζαρία, σαλόνι και γκαράζ. Τιμή: € 990. 2

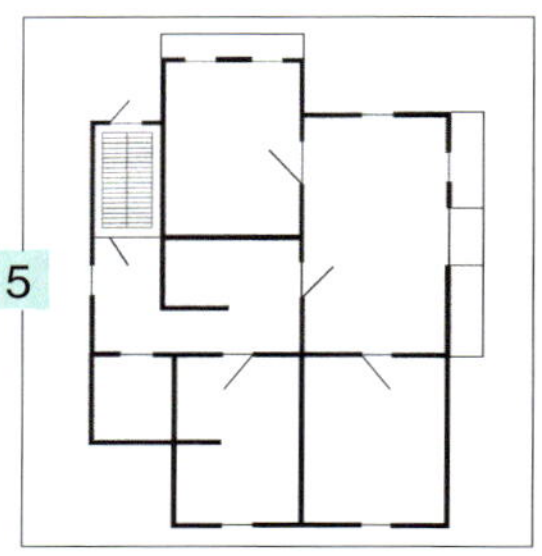

5

Ζητείται ήσυχο και οικονομικό διαμέρισμα (2άρι) ή γκαρσονιέρα μέχρι 450 ευρώ κοντά στο πανεπιστήμιο. 3

Ανταλλαγή: Ψάχνω μικρό διαμέρισμα ή γκαρσονιέρα στη Ζυρίχη για όλο το καλοκαίρι. Το δικό μου είναι ένα μικρό διαμέρισμα στη Θεσσαλονίκη (2άρι, 65 τ.μ., $5^{ος}$ όροφος) 4

Ενοικιάζεται φωτεινό 3άρι στο κέντρο, $6^{ος}$ όροφος πολυκατοικίας με δύο μπαλκόνια, μεγάλη κουζίνα, τραπεζαρία και 2 υπνοδωμάτια. Κοινόχρηστα μόνο 46 ευρώ χωρίς πετρέλαιο. 680 €/μήνα για 90 τετραγωνικά μέτρα!! 5

6

Πωλείται ήσυχη βίλα 25 χλμ. από τη Θεσσαλονίκη, 280 τ.μ., πέντε υπνοδωμάτια και δύο μπάνια, σαλοκουζίνα, μεγάλη τραπεζαρία, τζάκι, γραφείο στον $3^{ο}$ όροφο, μεγάλο υπόγειο, μπαλκόνια με θέα, βεράντα και πανέμορφο κήπο σε τιμή προσφοράς: € 1,3 εκατομμύρια. 6

Σας ενδιαφέρει αυτό το ακίνητο;
Επικοινωνήστε με το μεσιτικό γραφείο μέσω από το παρακάτω έντυπο.

Όνομα	*Επώνυμο*	*Τηλέφωνο*
Urs	Wagner	

Μήνυμα προς το μεσιτικό γραφείο

Ενδιαφέρομαι για |

2άρι (δυάρι)
3άρι (τριάρι)

γ Γράψτε και κάντε ανταλλαγή. Erfinden Sie Tauschangebote und finden Sie jemanden, der mit Ihnen die Wohnung tauscht.

B 8-10

Πού είναι το σπίτι;
Πόσα δωμάτια έχει;
Σε ποιον όροφο είναι;
Έχει γκαράζ ή πάρκινγκ;

Πότε θέλετε να κάνετε ανταλλαγή;
Ενδιαφέρομαι για την αγγελία σου.
Θα ήθελα να ανταλλάξω μαζί σου.

4 Πού βρίσκεται το κρεβάτι;

α Διαβάστε και συμπληρώστε. Lesen Sie die Beschreibungen und ordnen Sie zu.

Το κρεβάτι βρίσκεται ανάμεσα σε δύο κομοδίνα (1). Πάνω στο κρεβάτι έχει δύο μαξιλάρια (2). Απέναντι από το κρεβάτι έχει μία μεγάλη ντουλάπα (3).

Γύρω από το τραπέζι έχει τέσσερις καρέκλες (4). Πίσω απ' το τραπέζι έχει ένα ντουλάπι. Ο φούρνος και η ηλεκτρική κουζίνα βρίσκονται ανάμεσα στο ψυγείο (5) και το παράθυρο (6). Έξω από το παράθυρο έχει μια ωραία πορτοκαλιά.

Το γραφείο (7) είναι κάτω από το παράθυρο, πίσω απ' τον καναπέ (8). Στη γωνία είναι η τηλεόραση και αριστερά και δεξιά της έχει δύο γλάστρες (9) με φυτά. Μπροστά απ' την τηλεόραση βρίσκεται ένα τραπεζάκι και μία πολυθρόνα (10).

Το μπάνιο έχει μία μπανιέρα (11), μία τουαλέτα και μία βρύση (12). Δίπλα στην μπανιέρα βρίσκεται το πλυντήριο (13).

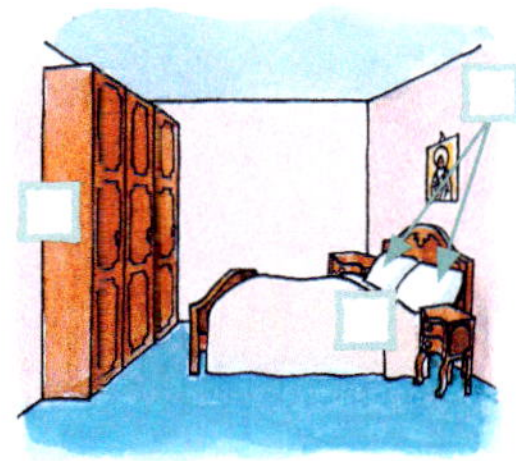

AB 11-13

β Ζωγραφίστε και μιλήστε. Skizzieren Sie einen Grundriss Ihrer Wohnung und beschreiben Sie, wo sich die einzelnen Möbel befinden; Ihr Partner zeichnet sie ein.

5 Απαγορεύεται το κάπνισμα στο ασανσέρ.

α Ταιριάξτε λέξη και εικόνα. Welches Wort passt zur Zeichnung? Kreuzen Sie an.

1

☐ κλειδιά
☐ εξώπορτα

2
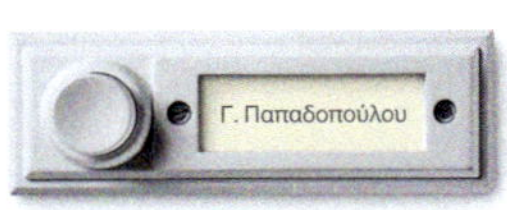

☐ κουδούνι
☐ ασανσέρ

3

☐ απαγορεύεται το κάπνισμα
☐ απαγορεύεται το παρκάρισμα

4
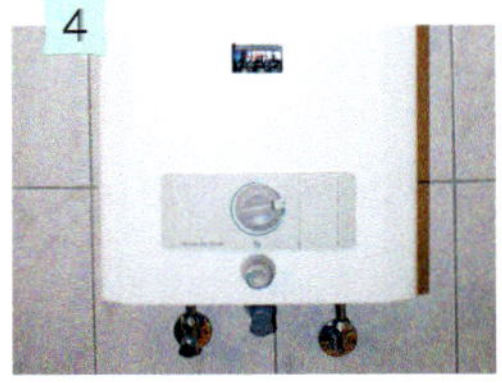

☐ καλοριφέρ / κλιματισμός
☐ θερμοσίφωνας

5

☐ γειτόνισσα
☐ μπακάλης

21

β Ακούστε και υπογραμμίστε. Hören Sie das Telefonat zum Wohnungstausch und unterstreichen Sie in 5α, worüber gesprochen wird.

γ Διαβάστε και συμπληρώστε. Lesen Sie und ergänzen Sie.

- Ορίστε παρακαλώ.
- ▸ Ναι, γεια σας. Είμαι ο Urs Wagner, από την Ελβετία. Είστε η κυρία Παπαδοπούλου;
- Α, ναι! Γεια σου ... εμμ Ουρς; Σωστά; Πώς είσαι; Καλά;
- ▸ Ναι ναι, Urs. Τι κάνετε;
- Καλά είμαι! Μίλα μου στον ενικό, Γεωργία με λένε.
- ▸ Ευχαριστώ. Παίρνω τηλέφωνο για την ανταλλαγή. Δηλαδή θέλω να ρωτήσω,... τι πρέπει να προσέξω όταν θα έρθω στο σπίτι σου.
- Λοιπόν, πρέπει να ξέρεις ότι απαγορεύεται το κάπνισμα στο ασανσέρ και στις σκάλες. Αλλά ούτε μέσα στο σπίτι δεν καπνίζω εγώ. Εσύ καπνίζεις;
- ▸ Όχι, ούτε εγώ καπνίζω. Μην ανησυχείς. Πού μπορώ να παρκάρω;
- Α, καλά που το είπες! Το παρκάρισμα μπροστά στην είσοδο απαγορεύεται, αλλά έχει ένα γκαράζ εδώ κάτω που ενοικιάζεται. Το νοικιάζει μια φίλη μου.
  Α, ναι! Το κουδούνι κάτω είναι χαλασμένο και δεν ακούγεται. Δηλαδή κάτω το ακούς, αλλά επάνω μέσα στα διαμερίσματα δεν ακούγεται, γι' αυτό αφήνουμε την εξώπορτα πάντα ανοιχτή.
- ▸ Εντάξει. Κλιματισμό έχεις;
- Βέβαια! Όταν τον ανάβεις όμως, πρέπει να είναι κλειστά τα παράθυρα.
  Λοιπόν, τα κλειδιά θα τα αφήσω στον μπακάλη.
- ▸ Στον μπακάλη; Πού ακριβώς βρίσκεται;
- Δίπλα στην πολυκατοικία. Εκεί μπορείς να κάνεις και τα ψώνια σου. Για πες μου εσύ τώρα. Έχεις λουλούδια στο σπίτι σου; ...

1. Wie meldet man sich am Telefon, ohne seinen Namen zu nennen? ______
2. Wie bietet man jemandem das Du an? ______
3. Wie teilt man mit, warum man anruft? ______
4. Wie sagt man, dass etwas verboten ist? ______
5. Wie drückt man aus, dass jemand sich keine Sorgen machen soll? ______
6. Wie zeigt man sich froh, dass etwas erwähnt worden ist? ______
7. Wie fordert man jemanden auf, auch von sich zu erzählen? ______

δ Σημειώστε το ρήμα. Notieren Sie die Verben aus dem Text und überlegen Sie, wovon die Form jeweils abgeleitet ist.

1. ______ το κάπνισμα στο ασανσέρ.	απαγορεύω
2. Έχει ένα γκαράζ εδώ κάτω που ______.	______
3. Το κουδούνι δεν ______.	______
4. Ο μπακάλης ______ δίπλα στην πολυκατοικία.	______

ε Διαβάστε και γράψτε. Sammeln Sie weitere Kombinationsmöglichkeiten.

1. Το παρκάρισμα απαγορεύεται μπροστά στο σπίτι
2. Στη γειτονιά ενοικιάζεται ______
3. Τα κλειδιά βρίσκονται ______

AB 14-18

ζ Μιλήστε και δώστε οδηγίες. Spielen Sie ein entsprechendes Telefonat und geben Sie Anweisungen für einen Besuch in Ihrer Wohnung.

6 Δεν επιτρέπεται το πάρκινγκ.

α Διαβάστε και βάλτε ένα Χ. Lesen Sie das Schreiben und kreuzen Sie an, was zutrifft.

- ☐ γράμμα από τη Γεωργία για τον Ουρς
- ☐ λογαριασμός για το ενοίκιο του γκαράζ
- ☐ γράμμα για όλους που μένουν στην πολυκατοικία

Κυρίες και κύριοι, Θεσσαλονίκη 14/03/2012

Σας ενημερώνουμε ότι
- η εξώπορτα πρέπει να είναι πάντα κλειστή.
- δεν επιτρέπεται το πάρκινγκ μπροστά στην είσοδο και μπροστά στον μπακάλη.
- εξάλλου απαγορεύονται τα σκουπίδια στο διάδρομο.

Για περισσότερες πληροφορίες επικοινωνήστε με το διαχειριστή τηλεφωνικά ή προσωπικά.

Με εκτίμηση,

Μάνος Χατζητρίφων
Διαχειριστής

β Σημειώστε. Notieren Sie die passenden Übersetzungen aus dem offiziellen Brief.

1. Sehr geehrte Damen und Herren ______
2. Wir informieren Sie darüber, dass ______
3. Für weitere Informationen ______
4. telefonisch oder persönlich ______
5. Mit freundlichen Grüßen ______

AB 19

γ Γράψτε και μιλήστε. Verfassen Sie ähnliche kleine Schreiben, tauschen Sie diese aus und berichten Sie anschließend im Plenum darüber.

Ήθελα να σου πω πως...
Και κάτι άλλο: ...
Ξέρεις ότι...;
Για πληροφορίες μπορείς να ρωτήσεις τον/την...

7 Το ελληνικό σπίτι

α Κοιτάξτε και διαλέξτε. Überfliegen Sie den Text und wählen Sie einen passenden Titel aus.

Σπίτια στη Βόρεια Ευρώπη ■ Κλίμα και αρχιτεκτονική ■ Τιμές για ενοίκια
Έχετε τηλεόραση στο σπίτι; ■ Μα τι ζέστη είναι αυτή!

Σπίτι το ένα, σπίτι και το άλλο. Υπάρχουν όμως πολλές διαφορές ανάμεσα σε ένα σπίτι στη Βόρεια Ευρώπη και ένα σπίτι στην Ελλάδα. Ας πάρουμε τα πατώματα για παράδειγμα. Στην Ελλάδα οι περισσότεροι έχουν ή μάρμαρο ή πλακάκια στο πάτωμα. Έτσι καθαρίζονται πιο εύκολα και το καλοκαίρι μένει το σπίτι πιο δροσερό και δεν κάνει τόσο ζέστη. Αυτά που το καλοκαίρι είναι «υπέρ» είναι «κατά» το χειμώνα. Στα σπίτια στην Ελλάδα το χειμώνα κρυώνουν εύκολα. Το μάρμαρο είναι κρύο και η θέρμανση, συνήθως καλοριφέρ, δεν λειτουργεί πάντα.

Το μεγάλο πρόβλημα στην Ελλάδα όμως δεν είναι το κρύο, αλλά η φοβερή ζεστή και ο ήλιος. Μία παραδοσιακή λύση είναι το λευκό χρώμα των σπιτιών που αντανακλά τον ήλιο. Εξάλλου βρίσκουμε σε πολλά σπίτια τα παντζούρια συνήθως κλειστά όλη τη μέρα. Έτσι δεν μπορεί να μπει ο ήλιος μέσα στο σπίτι.

Τα βράδια, όταν πέφτει ο ήλιος, ο κόσμος κάθεται συχνά στο μπαλκόνι και απολαμβάνει το δροσερό αεράκι. Γι' αυτό σε πολλά διαμερίσματα βρίσκεται η τηλεόραση δίπλα στη μπαλκονόπορτα κι έτσι μπορούν να τη γυρίζουν ή προς τα έξω, όταν κάθονται στο μπαλκόνι, ή προς τα μέσα, όταν κάθονται στο σαλόνι.
Το σπίτι λέει πολλά για μας: Δείξε μου το σπίτι σου, να σου πω ποιος είσαι.

β Σωστό (Σ) ή λάθος (Λ); Richtig oder falsch?

1. Τα σπίτια στη Γερμανία είναι όπως τα σπίτια στην Ελλάδα. ☐
2. Τα πατώματα στην Ελλάδα είναι πρακτικά για το καλοκαίρι. ☐
3. Σε ελληνικά σπίτια δεν υπάρχουν καλοριφέρ. ☐
4. Τα παντζούρια είναι κλειστά και τη μέρα σε πολλά σπίτια. ☐
5. Μερικοί Έλληνες βλέπουν τηλεόραση στο μπαλκόνι. ☐

γ Κι εσείς; Μιλήστε. Unterhalten Sie sich über die folgenden Fragen.

Τι άλλο γνωρίζετε για τα ελληνικά σπίτια;
Πώς είναι τα σπίτια στη Γερμανία / στην Αυστρία / στην Ελβετία;
Ποια είναι τα υπέρ και τα κατά στο σπίτι σας;

Με δυο λόγια

Εκφράσεις

Εγώ μένω σε μία γκαρσονιέρα.
Εμείς δεν πληρώνουμε ενοίκιο.
Το διαμέρισμα είναι δικό μας.

Ψάχνω για δωμάτιο / για κάτι πιο οικονομικό.
Υπάρχει καμιά ιστοσελίδα με δωμάτια;
Μπορεί να με βοηθήσει κανείς;

Ενοικιάζεται...
Ζητείται...
Πωλείται...

Απαγορεύεται το κάπνισμα στο ασανσέρ.
Δεν επιτρέπεται το παρκάρισμα μπροστά στην είσοδο.

Μην ανησυχείς.
Καλά που το είπες!
Για πες μου εσύ τώρα.
Μίλα μου στον ενικό.

Κυρίες και κύριοι!
Σας ενημερώνουμε πως...
Για περισσότερες πληροφορίες επικοινωνήστε με...
Με εκτίμηση

Γραμματική

Betontes Possesivpronomen → GR 6.2

(ο/η/το) δικός/-ή/-ό (οι/οι/τα) δικοί/-ές/-ά	μου
	σου
	του, της, του
	μας
	σας
	τους

Indefinitvpronomen → GR 6.5

Aussage bejaht	κάποιος
	κάποιος, -α, -ο
Frage	κανείς*
Aussage verneint	κανένας*, καμία / καμιά, κανένα

* im Akkusativ *κανέναν*

Ordinalzahlen → GR 4.3

$1^{ος}/1^{η}/1^{ο}$	πρώτος, -η, -ο
$2^{ος}/2^{η}/2^{ο}$	δεύτερος, -η, -ο
$3^{ος}/3^{η}/3^{ο}$	τρίτος, -η, -ο
$4^{ος}/4^{η}/4^{ο}$	τέταρτος, -η, -ο
$5^{ος}/5^{η}/5^{ο}$	πέμπτος, -η, -ο
$6^{ος}/6^{η}/6^{ο}$	έκτος, -η, -ο
$7^{ος}/7^{η}/7^{ο}$	έβδομος, -η, -ο
$8^{ος}/8^{η}/8^{ο}$	όγδοος, -η, -ο
$9^{ος}/9^{η}/9^{ο}$	ένατος, -η, -ο
$10^{ος}/10^{η}/10^{ο}$	δέκατος, -η, -ο

Mediopassive Formen → GR 11.1.2

Aktiv	Mediopassiv
απαγορεύ**ω**	απαγορεύ**εται**
νοικιάζ**ω**	ενοικιάζ**εται**
βρίσκ**ω**	βρίσκ**εται**
γράφ**ω**	γράφ**εται**
ακού**ω**	ακούγ**εται**

Μπορώ...	ich	____	Aufgabe
... über meine Wohnsituation sprechen.			1
... nach einer Unterkunft suchen.			2
... die Ordinalzahlen von 1–10.			3
... Wohnungsanzeigen verstehen.			3
... die Einrichtung meiner Wohnung beschreiben.			4
... sagen, was verboten / erlaubt ist.			5
... einen formellen Brief verstehen.			6

8 Μου αρέσει να...

über Vorlieben und Gewohnheiten sprechen ‖ Personen beschreiben (Interessen, Charakter) ‖ sich über Computer- und Internetnutzung austauschen ‖ über Ereignisse und Situationen in der Vergangenheit erzählen

1 Μου αρέσει να κοιμάμαι κάτω απ' τα άστρα.

α Συμπληρώστε. Ergänzen Sie jeweils das passende Verb.

να ακούω ▪ να κάθομαι ▪ να κοιμάμαι ▪ να μαγειρεύω ▪ να παίζω
να περνάω ▪ ~~να πηγαίνω~~ ▪ να πίνω ▪ να συζητάω

1. Μου αρέσει ______ μαζί με όλη την οικογένεια τα βράδια.
2. Κάπου κάπου μου αρέσει ______ μόνος μου παιχνίδια στον υπολογιστή.
3. Τις Κυριακές μου αρέσει να πηγαίνω βόλτα με το σκύλο μου στο δάσος.
4. Το πρωί μου αρέσει ______ με τις φίλες μου στο μπαλκόνι και ______ καφέ μαζί τους.
5. Μου αρέσει ______ το καλοκαίρι κάτω απ' τα άστρα.
6. Όταν έρχομαι απ' τη δουλειά, μου αρέσει ______ μουσική στο ράδιο.
7. Μου αρέσει πολύ ______ πολιτικά θέματα με τους φίλους μου.
8. Μου αρέσει ______ τον ελεύθερο χρόνο μου στη φύση.

β Κι εσάς; Τι σας αρέσει;
Und was gefällt Ihnen?
Unterhalten Sie sich.

AB 1-3

Εμένα μου αρέσει πολύ να...
Αλήθεια; Κι εμένα! Και τα σαββατοκύριακα συνήθως μου αρέσει να...
Μόνος σου / μόνη σου ή με παρέα;

2 Δουλειά-σπίτι-δουλειά ή ελεύθερος χρόνος;

α Ταιριάξτε. Überfliegen Sie die Portraits rechts und ordnen Sie den drei Personen die Aussagen richtig zu.

1. Μαίρη: «Ναι, σίγουρα είμαι λίγο άρρωστη με τη δουλειά. Μου αρέσει να δουλεύω.»
2. Δέσποινα: «Πάντα ήμουν καλλιτέχνης, μουσικός και ζωγράφος – θέλω την ελευθερία μου!»
3. Κυριάκος: «Για μένα πρώτα έρχεται η οικογένεια και μετά το επάγγελμα.»

ΜΑΣ ΜΕΝΕΙ ΕΛΕΥΘΕΡΟΣ ΧΡΟΝΟΣ;

«Τιρόμ τιρί τιρά, δουλειά-σπίτι-δουλειά» μας τραγουδάει ο Σταμάτης Κραουνάκης στο τραγούδι «Το ξύλινο ανθρωπάκι». Αλλά τι ακριβώς σημαίνει αυτό στην καθημερινή ζωή; Ρωτήσαμε τρία άτομα στο δρόμο. Τι ρόλο παίζει η δουλειά στη ζωή σας; Έχετε αρκετό ελεύθερο χρόνο και ποια είναι τα χόμπι σας; Και... τι τύπος νομίζετε ότι είστε;

1 **Μαίρη, 40 χρονών**

Εγώ είμαι φαρμακοποιός και δουλεύω σε ένα φαρμακείο. Μου αρέσει το επάγγελμά μου, αλλά μου αρέσει και να φεύγω νωρίς από τη δουλειά και να πηγαίνω στο σπίτι και στα παιδιά μου. Για παράδειγμα το βρίσκω πολύ σημαντικό να τρώμε πάντα όλοι μαζί τα βράδια. Απόψε όμως δεν μπορώ να φάω με την οικογένειά μου στο σπίτι: θα πάω μετά τη δουλειά στο γυμναστήριο. Η γυμναστική κάνει καλό!

2 **Δέσποινα, 30 χρονών**

Εγώ δουλεύω ως μεταφράστρια κι έτσι έχω συνήθως πολλή δουλειά και στρες – αλλά την αγαπάω τη δουλειά μου. Πολλές φορές μου αρέσει να μεταφράζω ακόμη και στον ελεύθερο χρόνο μου. Κυρίως κείμενα για οικολογικά θέματα: τι γίνεται με τα δάση, με το κλίμα μας... Η φύση είναι σημαντική για μένα. Είναι το χόμπι μου. Φυσικά κάπου κάπου μου αρέσει να χαλαρώνω τα βράδια με ένα ποτό και τους φίλους μου. Σήμερα όμως δεν θα βγω. Θέλω να κάτσω σπίτι και να δουλέψω λίγο ακόμη και να μεταφράσω μία ιστοσελίδα για την ηλιακή ενέργεια.

3 **Κυριάκος, 65 χρονών**

Ναι, τώρα έχω ελεύθερο χρόνο. Είμαι συνταξιούχος. Ήμουν μουσικός στο θέατρο. Ήμουν και είμαι καλλιτέχνης. Μου αρέσει πολύ να παίζω πιάνο και βιολί. Αλλά παίζω και μπουζούκι, κιθάρα, μαντολίνο.... Αγαπάω τη μουσική και γι' αυτό προσπαθώ να πηγαίνω συχνά σε συναυλίες κλασικής μουσικής, αλλά και σε Έλληνες τραγουδιστές. Μου αρέσουν όμως και άλλα πράγματα, για παράδειγμα να ζωγραφίζω. Αύριο θέλω να πάω σε ένα μουσείο στο κέντρο. Θέλω να δω μία έκθεση Ολλανδών ζωγράφων. Είμαι ανοιχτός τύπος και θέλω πάντα να βλέπω και να ακούω κάτι καινούριο.

β Διαβάστε και απαντήστε. Lesen Sie erneut und berichten Sie, was die drei Personen auf die Fragen im ersten Absatz geantwortet haben.

γ Υπογραμμίστε και συμπληρώστε. Unterstreichen Sie im Text alle Verbformen mit *να* und *θα* und sortieren Sie sie.

μία φορά / απόψε / σήμερα / αύριο: ______________________

____

συνήθως / πάντα / πολλές φορές / κάπου κάπου / συχνά: ______________________

____

δ Μιλήστε μεταξύ σας.
Befragen Sie sich gegenseitig, verfassen Sie kleine Portraits und stellen Sie diese dann vor.

AB 4-6

Τι σου αρέσει να κάνεις συνήθως στον ελεύθερο χρόνο σου;
Ποια είναι τα χόμπι σου; Τι τύπος είσαι;
Τι ρόλο παίζει η δουλειά για σένα;

8

3 Να κάνω διπλό κλικ εκεί;

α Κοιτάξτε και ταιριάξτε. Ordnen Sie die Sätze den Feldern auf dem Computerbildschirm zu.

1. Πώς λέγεται «Datei» στα ελληνικά;
2. Αν θέλεις να στείλεις το μήνυμα, πρέπει να κάνεις κλικ εδώ.
3. Από πού μπορώ να κλείσω το παράθυρο;
4. Θέλω να εκτυπώσω κάτι.

☐ ☐ ☐ ☐

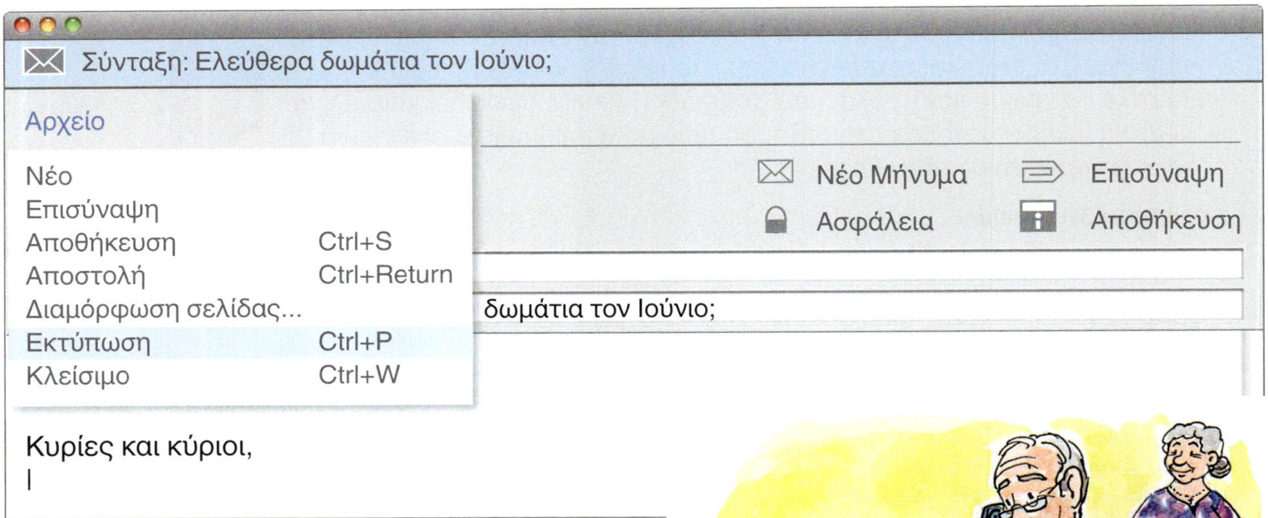

22

β Ακούστε και σημειώστε.
Hören Sie und kreuzen Sie an, was jeweils zutrifft.

1. Ο παππούς του Χάρη έχει πρόβλημα με το
   ☐ ψυγείο. ☐ κομπιούτερ. ☐ τηλέφωνο.
2. Ο παππούς θέλει να
   ☐ στείλει ένα λινκ. ☐ μπει στο διαδίκτυο και να σερφάρει. ☐ εκτυπώσει ένα e-mail.

γ Ακούστε ξανά. Hören Sie erneut und markieren Sie auf dem Bildschirm:
Über welche Programmfunktionen wird gesprochen?

δ Μιλήστε μεταξύ σας. Sprechen Sie über Ihre persönliche Nutzung des Computers.

Χρησιμοποιώ τον υπολογιστή...

☐ για να διαβάζω ειδήσεις.
☐ για να βλέπω τον καιρό.
☐ για να επικοινωνώ με τους φίλους μου.
☐ για να ψάχνω διευθύνσεις.
☐ για να οργανώνω ταξίδια.
☐ για να κάνω τα ψώνια μου.
☐ για να σερφάρω στο ίντερνετ.
☐ για να ακούω ελληνικό ράδιο.
☐ για να παίζω.
☐ ____________________

AB 7-8

για να = um ... zu ...

4 Ενδιαφέρεστε για τον αγροτουρισμό;

α Κοιτάξτε και σημειώστε.
Überfliegen Sie die Angebote und notieren Sie die passenden Überschriften.

Κίνηση και αθλητισμός ▪ Ξεκούραση
Φαγητό ▪ Καλή παρέα

Θέλετε να κάνετε διακοπές στην Ελλάδα, αλλά διαφορετικά; Θέλετε να ξεφύγετε από το στρες της καθημερινής ζωής; Θέλετε να γνωρίσετε τα βουνά με όλα τα καλά της φύσης; Στον αγροτικό ξενώνα μας θα βρείτε σίγουρα αυτό που ζητάτε και από 'δω και πέρα δεν θα θέλετε να κάνετε αλλού διακοπές.

___

- Θα απολαμβάνετε τα βιολογικά προϊόντα μας. Θα τρώτε και θα πίνετε από τα καλύτερα: φρέσκο γάλα, κρασιά, το δικό μας τυρί και μέλι.
- Με το μάγειρά μας, το Μάνο, θα γνωρίσετε την ντόπια και υγιεινή κουζίνα της περιοχής.

___

- Μπορείτε να πηγαίνετε καθημερινά για ιππασία πάνω σε μικρά πόνι ή πάνω σε μεγάλα άλογα.
- Θα πηγαίνετε βόλτα πάνω στα όμορφα βουνά και εκεί θα γνωρίσετε τα λουλούδια και τα δέντρα της περιοχής.

___

- Θα περνάτε όμορφα, θα μιλάτε, θα συζητάτε, θα τραγουδάτε και θα γελάτε μαζί με Έλληνες αλλά και με τουρίστες από όλον τον κόσμο.
- Το βράδυ μπορείτε να παίζετε μίνι γκολφ σε ένα γήπεδο μέσα στο δάσος.

___

- Θα κάνετε το πρωινό σας, θα διαβάζετε ή θα ακούτε μουσική στον καθαρό αέρα έξω στο μπαλκόνι σας.
- Στο spa του ξενώνα μας θα βρείτε χαλάρωση ή απλά την ησυχία σας. Εκεί μπορείτε να κάνετε και μασάζ.

Για περισσότερες πληροφορίες μπορείτε να πάτε στην ιστοσελίδα του αγροτικού ξενώνα μας ή να επικοινωνήσετε μαζί μας τηλεφωνικά ή μέσω e-mail.

Συνέντευξη με την ιδιοκτήτρια του ξενοδοχείου

σίγουρ**ος**, **-η**, **-ο** → θα βρείτε σίγουρ**α**

β Διαβάστε και ταιριάξτε. Lesen Sie die Personenbeschreibungen und überlegen Sie, welche Angebote für die beiden interessant sind.

1. Ο Χόλγκερ είναι αθλητικός τύπος. Του αρέσει πολύ ο αθλητισμός, έχει πολύ χιούμορ και είναι πολύ κοινωνικό άτομο: του αρέσει να γνωρίζει κόσμο και να περνάει την ώρα του με παρέα.
2. Η Κλάουντια είναι ήσυχος τύπος και της αρέσει να κάνει πράγματα μόνη της. Ενδιαφέρεται όμως να γνωρίσει τις σπεσιαλιτέ και τα έθιμα της περιοχής. Εξάλλου είναι τύπος που της αρέσει να απολαμβάνει τη ζωή: της αρέσει να τρώει καλά και ψάχνει πάντα χαλάρωση για το σώμα και για την ψυχή.

Ο Χόλγκερ θα παίζει κάθε βράδυ μίνι γκολφ, γιατί του αρέσει να...
Η Κλάουντια θα κάθεται συχνά στο μπαλκόνι...

AB 9-10

5 Κατάλαβα πόσο όμορφα ήταν στο χωριό...

23

α Σωστό (Σ) ή λάθος (Λ); Hören Sie das Interview mit der Hotelmanagerin und tragen Sie ein: Richtig oder falsch?

1. Γεννήθηκε στη Θεσσαλονίκη. ☐
2. Της άρεσαν πολύ τα ζώα. ☐
3. Έχασε τη φίλη της, τη Μέμω. ☐
4. Της αρέσει να τρώει βιολογικό κατσικάκι με πατάτες στο φούρνο. ☐
5. Έκανε το σπίτι στο χωριό ξενοδοχείο. ☐

β Ακούστε ξανά και επιλέξτε. Hören Sie erneut und achten Sie darauf, welche Verbform genannt wird. Streichen Sie jeweils die andere Form.

- Κυρία Τσίρου, είστε η ιδιοκτήτρια του πρώτου αγροτικού ξενώνα στην περιοχή. Πώς σας ήρθε η ιδέα να ανοίξετε ένα ξενοδοχείο στη μέση του πουθενά;
- ▸ Ε, όχι και στη μέση του πουθενά! Βρισκόμαστε μέσα στη φύση. Λοιπόν, θέλω να σας πω ότι είμαι ντόπια.
- Αλήθεια; Ντόπια; Δηλαδή εδώ γεννηθήκατε; Έχετε όμορφες αναμνήσεις;
- ▸ Βέβαια!
  Όταν ήμουν μικρή και ~~πήγα~~ / πήγαινα ακόμη στο σχολείο, διάβασα / διάβαζα και έκανα τα μαθήματά μου γρήγορα γρήγορα και μετά έπαιξα / έπαιζα πάντα με τα ζώα στο κτήμα. Είχα και μία φίλη κατσίκα, τη Μέμω. Εγώ και η Μέμω πάντα διασκεδάσαμε / διασκεδάζαμε πολύ όταν ήμασταν μαζί. Μια μέρα όμως, γύρισα / γύριζα από το σχολείο και η Μέμω δεν ήταν πουθενά.
  Έψαξα / Έψαχνα παντού, αλλά δεν τη βρήκα / έβρισκα.
- Και τελικά, πού ήταν η Μέμω;
- ▸ Τη μαγείρεψε / μαγείρευε η γιαγιά μου με πατάτες στο φούρνο. Από τότε δεν έφαγα / έτρωγα ξανά κρέας. Εγώ ακόμη και σήμερα δεν τρώω κρέας, αλλά στον αγροτικό ξενώνα μας προσφέρουμε βέβαια κρέας. Το κρέας, αλλά κι όλα τα φαγητά μας, είναι βιολογικά.
- Μείνατε όλη τη ζωή σας στο χωριό;
- ▸ Όχι, βέβαια! Πήγα για σπουδές στη Θεσσαλονίκη.
- Και η ζωή στην πόλη, πώς ήταν;
- ▸ Τότε ήμουν φοιτήτρια.
  Δούλεψα / Δούλευα στην πόλη και δεν πίστεψα / πίστευα ότι κάποια μέρα θα ξαναγυρίσω στο χωριό.
- Και γιατί αλλάξατε γνώμη;
- ▸ Κοιτάξτε, στη Θεσσαλονίκη έμεινα / έμενα μόνη μου. Μίλησα / Μιλούσα με τους γονείς μου κάπου κάπου στο τηλέφωνο και δεν αγάπησα / αγαπούσα και πολύ τη ζωή στην πόλη.
  Μια μέρα γύρισα / γύριζα στο χωριό και είδα / έβλεπα το σπίτι. Τότε μου ήρθαν πίσω όλες οι αναμνήσεις.
  Κατάλαβα / Καταλάβαινα πόσο όμορφα έζησα / ζούσα στο χωριό.
  Έτσι αποφάσισα / αποφάσιζα να κάνω το σπίτι ξενοδοχείο. Σήμερα έρχονται πολλοί τουρίστες από την Ελλάδα και από το εξωτερικό και κάνουν διακοπές εδώ.

γ Συμπληρώστε.
Lesen Sie im Text auf S. 68 nach und ergänzen Sie alle Endungen im Imperfekt.

διάβαζ**α**	έπαιζ___	μιλ___
διάβαζ**ες**	έπαιζ___	μιλ___
διάβαζ**ε**	έπαιζ___	μιλ___
διαβάζ**αμε**	παίζ___	μιλ___
διαβάζ**ατε**	παίζ___	μιλ___
διάβαζ**αν**	έπαιζ___	μιλ___

δ Κι εσείς; Τι κάνατε όταν ήσασταν μικρός / μικρή; Und Sie? Erzählen Sie sich gegenseitig von Ihrer eigenen Kindheit.

Εγώ μεγάλωσα στην πόλη.
Πήγαινα στο σχολείο πάντα με το λεωφορείο.
AB 11-13 *Εγώ έπαιζα με τις φίλες μου έξω στο δρόμο.*
Εμείς παλιά πίναμε κάθε πρωί ζεστό γάλα.

6 Έβλεπες παλιά τα Στρουμφάκια;

α Παίξτε στην τάξη: Βρείτε κάποιον που... Spielen Sie im Kurs: Finden Sie jemanden, der ...
Wer zuerst vier zusammenhängende Felder gefüllt hat, gewinnt.

Η Στέφανι πήγε στη Θεσσαλονίκη.	___ έπαιζε κιθάρα όταν ήταν μικρός / μικρή.	___ αγαπούσε τα μαθηματικά στο σχολείο.	___ διάβασε σήμερα εφημερίδα.
___ είδε την ταινία «Αλέξης Ζορμπάς».	___ έτρωγε ελιές από μικρός / από μικρή.	___ μάθαινε ισπανικά στο σχολείο.	___ έφαγε τζατζίκι αυτόν το μήνα.
___ δεν διάβαζε πολύ για το σχολείο.	___ μιλούσε δύο γλώσσες από μικρός / μικρή.	___ έκανε διακοπές στη Χαλκιδική.	___ έβλεπε παλιά τα Στρουμφάκια.
___ πήγαινε για μπάνιο στις διακοπές του/της.	___ έγραφε γράμματα στον Άγιο Βασίλη.	___ δεν έβλεπε τηλεόραση όταν ήταν παιδί.	___ πέρασε το βράδυ χθες στον υπολογιστή.

β Γράψτε και παίξτε. Entwerfen Sie selbst neue Vorgaben und spielen Sie damit weiter.
AB 14

7 Τι είναι ο ελεύθερος χρόνος; Τρώγεται;

α Σωστό (Σ) ή λάθος (Λ); Τι νομίζετε;
Sind die folgenden Aussagen richtig oder falsch? Stellen Sie Vermutungen an und lesen Sie anschließend den Text.

1. Παλιά στην Ελλάδα, ο κόσμος δεν πήγαινε βόλτα. ☐
2. Οι Έλληνες πάντα έτρωγαν φιστίκια Αιγίνης και σπόρια. ☐
3. Ακόμη και σήμερα τους αρέσει να πηγαίνουν σε θερινά σινεμά. ☐

Παλιά, οι πλατείες στις πόλεις και στα χωριά στην Ελλάδα ήταν
γεμάτες τα απογεύματα.
Ο κόσμος έβγαινε έξω και πήγαινε βόλτα. Παιδιά και μεγάλοι
περπατούσαν στο χωριό πάνω κάτω, συναντούσαν γείτονες
και φίλους, συζητούσαν για την πολιτική, για τη ζωή και για 1
το τι έγινε στη γειτονιά. Οι μεγάλοι πήγαιναν βόλτα με τους
μεγάλους, τα αγόρια με τα αγόρια και οι κοπέλες με τις κοπέλες.
Αλλά όλοι περνούσαν από το περίπτερο και αγόραζαν κάτι που
συμβόλιζε τη βόλτα και τον ελεύθερο χρόνο: τα σπόρια. Όλοι
είχαν στο χέρι ένα άσπρο μικρό σακουλάκι με μαύρα ή άσπρα
σπόρια αλατισμένα. Έτρωγαν σπόρια, περπατούσαν και μιλούσαν.

Ίσως σήμερα οι δρόμοι των χωριών είναι συχνά άδειοι τα βράδια.
Και ίσως οι άνθρωποι δεν βγαίνουν πια τόσο πολύ. Τα σπόρια
όμως υπάρχουν ακόμη. Είναι κάτι πολύ ελληνικό: να παίρνεις τα
σπόρια ένα-ένα μέσα από το σακουλάκι, να τα βάζεις ανάμεσα 2
σε δύο δάχτυλα, και να τα ανοίγεις με τα δόντια, να παίρνεις το
μικρό σπόρο στο στόμα και να νιώθεις το αλάτι – μμ... τι νόστιμο!

Τα σπόρια δεν τα τρώμε για να φάμε το σπόρο, αλλά... για να
περνάει η ώρα. Και γι' αυτό τα λένε και «πασατέμπο», από
τις ιταλικές λέξεις «passa», δηλαδή «περνάει», και «tempo»,
δηλαδή «ο χρόνος». Τα «πασατέμπο» σήμερα σπάνια θα τα
3 δούμε στο δρόμο. Υπάρχουν όμως σε μέρη που θυμίζουν τα
παλιά: στα παλιά θερινά σινεμά, που είναι έξω και λειτουργούν
μόνο το καλοκαίρι. Εκεί, όταν βλέπουμε την ταινία, μπορεί να
ακούμε αριστερά και δεξιά, από πίσω και από μπροστά τον κόσμο
που καθαρίζει τα σπόρια μέσα στο στόμα. Με τα «πασατέμπο»
βρήκαν οι Έλληνες έναν τρόπο για να τρώνε το χρόνο τους.

β Διαβάστε ξανά και ταιριάξτε. Lesen Sie erneut und ordnen Sie die Überschriften den Abschnitten zu.

α) Πασατέμπο στο σινεμά. ☐
β) Η βόλτα παλιά στο χωριό. ☐
γ) Πώς τρώγεται το σποράκι; ☐

γ Κι εσείς; Τι τρώτε για να περνάει η ώρα; Und was essen Sie zum Zeitvertreib?

Με δυο λόγια

Εκφράσεις

Τι σου αρέσει να κάνεις συνήθως στον ελεύθερο χρόνο σου;
Μου αρέσει πολύ να βγαίνω έξω στη φύση.
Ποια είναι τα χόμπι σου;
Συνήθως θέλω να ζωγραφίζω.

«Datei» στα ελληνικά λέγεται «αρχείο».
Αν θέλεις να στείλεις το μήνυμα, πρέπει να κάνεις κλικ εδώ.
Από εδώ μπορείς να κλείσεις το παράθυρο;
Θέλω να εκτυπώσω κάτι.

Χρησιμοποιώ τον υπολογιστή...
- για να διαβάζω ειδήσεις.
- για να επικοινωνώ με τους φίλους μου.
- για να σερφάρω στο ίντερνετ.
- για να ακούω ελληνικό ράδιο.

Ο Χόλγκερ είναι αθλητικός τύπος.
Έχει πολύ χιούμορ και είναι κοινωνικό άτομο.
Η Κλάουντια είναι ήσυχος τύπος.
Της αρέσει να απολαμβάνει τη ζωή.

Εγώ μεγάλωσα στην πόλη.
Πήγαινα στο σχολείο πάντα με το λεωφορείο.
Εγώ έπαιζα με τις φίλες μου έξω στο δρόμο.

Γραμματική

Aspektverwendung → GR 11.1.1

συχνά / πολύ καιρό	μία φορά
Θέλω πάντα **να βλέπω** κάτι καινούριο.	Αύριο θέλω **να δω** μία έκθεση.
Το βρίσκω σημαντικό **να τρώμε** μαζί.	Απόψε δεν μπορώ **να φάω** με την οικογένειά μου.
Θα πηγαίνετε βόλτα στα βουνά και...	...**θα γνωρίσετε** τα λουλούδια της περιοχής.
Έμενα στη Θεσσαλονίκη.	Μια μέρα **γύρισα** στο χωριό.

Adverbien auf *-α* → GR 10.1

απλός, -ή, -ό → απλ**ά**
σίγουρος, -η, -ο → σίγουρ**α**
πρώτος, -η, -ο → πρώτ**α**

Nebensätze mit *για να* → GR 9

Χρησιμοποιώ τον υπολογιστή **για να** οργανώνω ταξίδια.

Imperfekt (Παρατατικός) → GR 11.2.3

Verben auf *-ω* (Typ A)		Verben auf *-άω* (Typ B)
3-silbig	2-silbig	
νόμιζ**α**	**έ**παιζ**α**	μιλ**ούσα**
νόμιζ**ες**	**έ**παιζ**ες**	μιλ**ούσες**
νόμιζ**ε**	**έ**παιζ**ε**	μιλ**ούσε**
νομίζ**αμε**	παίζ**αμε**	μιλ**ούσαμε**
νομίζ**ατε**	παίζ**ατε**	μιλ**ούσατε**
νόμιζ**αν**	**έ**παιζ**αν**	μιλ**ούσαν**

Μπορώ...

	ich		Aufgabe
... sagen, was ich gerne mache.			1, 2
... über Gewohnheiten und Freizeitaktivitäten sprechen.			2
... zentrale Befehle am Computer erkennen.			3
... sagen, zu welchen Zwecken ich den Computer nutze.			3
... Interessen und Charakter von Personen beschreiben.			2, 4
... eine kurze Stellenanzeige verstehen.			5
... über mein Leben erzählen.			5, 6

Παιχνίδι 2

Kennen Sie diese Tradition? Wenn auf großen Festen getanzt wird und die Stimmung steigt, können die Umstehenden schon mal einen Teller werfen, um ihre Bewunderung zu zeigen ...

Gespielt wird in Gruppen von 3 bis 6 Personen reihum im Uhrzeigersinn. Ziel ist es, möglichst viele Punkte zu sammeln (Glas = 1 Punkt, Teller = 2 Punkte, Rose = 3 Punkte).
Der Spieler, der an der Reihe ist, wählt eine Aufgabe von S. 73. Aufgaben, die mit einem Glas symbolisiert sind, sind alleine zu bearbeiten. Für Aufgaben mit einem Teller wählt der Spieler einen beliebigen Partner aus der Gruppe und die Aufgabe wird zu zweit gelöst. Bei Aufgaben mit einer Rose kann jeder Mitspieler gewinnen: Alle notieren verdeckt eine Minute lang Wortschatz zum Thema. Es gewinnt derjenige, der die meisten Wörter notiert hat, die außer ihm niemand gefunden hat.
Eine richtig gelöste Aufgabe wird auf S. 73 abgehakt und der Spieler trägt seine Initialen bei einem der entsprechenden Symbole am Spielfeldrand auf S. 72 ein (bei Aufgaben mit dem Symbol Teller markieren beide Spieler je einen Teller für sich). Das Spiel ist zu Ende, wenn alle Aufgaben abgehakt sind. Dann werden die gesammelten Punkte ausgezählt.

Απαντήστε την ερώτηση. Beantworten Sie die Frage.

- Τι δώρο κάνουν στα εγκαίνια στη χώρα σας;
- Τι είναι σημαντικό για ένα γάμο;
- Τι σουβενίρ φέρνετε από την Ελλάδα;
- Ποια βότανα γνωρίζετε;
- Τι αγοράζουμε στο φαρμακείο;
- Τι αρρώστιες έχουμε συνήθως όταν ταξιδεύουμε ή όταν κάνουμε διακοπές;
- Σε τι σπίτια μένουν οι Έλληνες;
- Τι δωμάτια έχει ένα σπίτι;
- Τι επιτρέπεται και τι απαγορεύεται στο σπίτι σας;
- Πότε παίρνετε το αυτοκίνητο / το ποδήλατο / το λεωφορείο;
- Τι κάνετε τα βράδια στο σπίτι;
- Τι σας άρεσε να κάνετε από παιδί;

1 Punkt

Παίξτε δύο-δύο. Spielen Sie die Situation zu zweit.

- Είστε σε ένα γάμο και μιλάτε με τη νύφη και το γαμπρό.
- Δεν ξέρετε τι δώρο να πάρετε για τα εγκαίνια και μιλάτε με έναν φίλο.
- Είστε στο γιατρό και του λέτε τι έχετε.
- Μιλάτε με έναν ξένο για την οικογένειά σας.
- Είστε στο φαρμακείο επειδή έχετε ηλίαση.
- Θέλετε να νοικιάσετε το διαμέρισμά σας. Περιγράφετε το σπίτι σας σε κάποιον που θα έρθει να μείνει. Τι πρέπει να ξέρει;
- Τι τύπος είστε; Συζητήστε για το θέμα.
- Δεν ξέρετε πώς να εκτυπώσετε ένα e-mail. Ρωτήστε το φίλο σας.
- Μιλάτε με έναν φίλο για τις διακοπές σας. Πού πήγατε, τι κάνατε και πώς ήταν;

2 Punkte

Σημειώστε για ένα λεπτό λέξεις πάνω στο θέμα.
Notieren Sie eine Minute lang möglichst viele Vokabeln zu diesem Thema.

- Ψώνια
- Αρρώστιες
- Σπίτια και διαμερίσματα
- Γιορτές
- Κουζίνα και φαγητά
- Ταξίδια
- Χόμπι
- Βιογραφία
- Δώρα
- Κομπιούτερ

3 Punkte

Ποια ερώτηση θέλεις;

Με ποιον θέλεις να παίξεις;

Πόσες λέξεις σημείωσες;

Ποιος παίζει;

Λοιπόν, θέλω ένα ποτήρι / πιάτο / τριαντάφυλλο.

9 Καλός καιρός για…

die geografische Lage von Orten angeben ‖ über den letzten Urlaub sprechen ‖ am Fahrkartenschalter, bei der Autovermietung, an der Rezeption etwas fragen ‖ eine Durchsage verstehen ‖ eine Ausflugsbeschreibung verstehen ‖ über das Wetter sprechen ‖ Vorschläge machen und darauf reagieren

1 Τα Μετέωρα βρίσκονται ανατολικά από…

α Ταιριάξτε. Ordnen Sie die Orte auf der Karte den Beschreibungen zu.

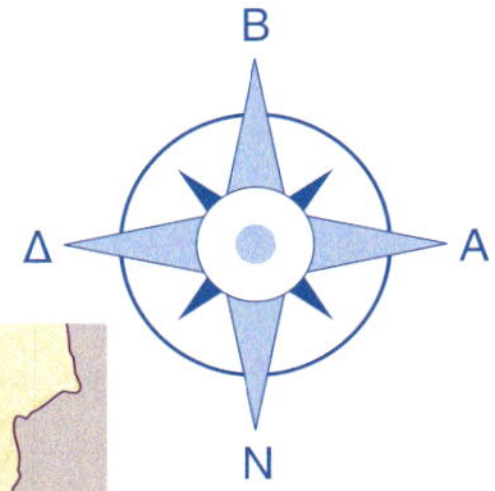

- ☐ Το αρχαίο παλάτι του Μίνωα στην Κνωσσό
- ☐ Τα παλιά μοναστήρια στα Μετέωρα
- ☐ Η γνωστή γέφυρα της Άρτας
- ☐ Η ωραία λίμνη της Καστοριάς
- ☐ Οι ψηλοί πύργοι στη Μάνη
- ☐ Η παραδοσιακή τέχνη στη Σίφνο
- ☐ Τα όμορφα χωριά στο Πήλιο
- ☐ Ο αρχαίος ναός του Ποσειδώνα στο Σούνιο

β Μιλήστε. Beschreiben Sie, wo sich die Sehenswürdigkeiten befinden.

Τα Μετέωρα βρίσκονται… βόρεια / νότια / δυτικά / ανατολικά από…
στο Βορρά / στο Νότο / στη Δύση / στην Ανατολή
στη(ν) βόρεια / νότια / δυτική / ανατολική Ελλάδα.
περίπου 50 χιλιόμετρα από…

γ Κι εσείς; Und wo waren Sie selbst schon? Wo liegt das? Berichten Sie.

AB 1-2

2 Πολλά φιλιά!

α Διαβάστε και ταιριάξτε. Lesen Sie und ergänzen Sie: Von welchen Orten in 1α sind die Postkarten?

Αγαπητή Μάρθα,
πίνω καφέ με τη Μαρία και τη Νίκη και σε σκεφτόμαστε: εδώ στα βουνά, στα μοναστήρια του Τζέιμς Μποντ! Ευτυχώς ο χειμώνας φέτος δεν είναι πολύ βαρύς κι έτσι ούτε βρέχει ούτε χιονίζει. Έχουμε καλό καιρό για θρησκευτικό τουρισμό! Ξεκινάμε από το ξενοδοχείο στο χωριό και ανεβαίνουμε με τα πόδια πάνω στα μοναστήρια (και τα δρομάκια που περνάμε δεν είναι και πολύ φαρδιά! Παναγίτσα μου!)
Κρίμα που δεν είσαι κι εσύ εδώ μαζί μας!
Αλλά σε λίγες μέρες θα τα πούμε και πάλι στη δουλειά!
Σου στέλνουμε τα χαιρετίσματά μας από τα ________________!
Γιώτα

Αγαπητή Έρικα,
εδώ και μια βδομάδα είμαι με την οικογένειά μου εδώ στη ________________ και ξεκουραζόμαστε από το μεγάλο ταξίδι: Πήραμε το αεροπλάνο για Αθήνα, το λεωφορείο και το ταξί για Πειραιά και το πλοίο για τις Κυκλάδες... κι όλα αυτά με άντρα και παιδιά... και βαριές βαλίτσες :-)! Αλλά εδώ είναι πολύ όμορφα: το κάμπινγκ είναι δίπλα στην παραλία, η θάλασσα δεν είναι βαθιά (το βαθύ νερό το φοβάμαι για τα παιδιά) και το βράδυ καθόμαστε με το Richard έξω απ' τη σκηνή μας και βλέπουμε το φεγγάρι. (Είναι τόσο ρομαντικό!! :-))
Πολλά χαιρετίσματα στη δασκάλα μας. Πες της ότι μιλάω κάθε μέρα ελληνικά στο χωριό – και τα πάω μια χαρά!
Πολλά φιλιά σε όλους στην τάξη μας!
Νικόλ

β Διαβάστε και σημειώστε.
Lesen Sie erneut und notieren Sie, was auf Γιώτα und Νικόλ jeweils zutrifft.

Πώς ταξιδεύει;	Με ποιον ταξιδεύει;	Πού μένει;
με το αεροπλάνο	με την οικογένεια	σε ένα μοναστήρι
με το αυτοκίνητο	με το / τη σύζυγο	σε συγγενείς
με το λεωφορείο	με συναδέλφους Γιώτα	σε μια σκηνή
με τη μοτοσικλέτα	με φίλους, -ες	στη φύση
με το πλοίο	με (ταξιδιωτικό) γκρουπ	στο ξενοδοχείο
με το ποδήλατο	μόνος του / μόνη της	σε μια πανσιόν
με το τρένο	με την τάξη	στο κάμπινγκ
με το τροχόσπιτο	με το σκύλο του / της	σε ένα εξοχικό (σπίτι)

γ Κοιτάξτε και συμπληρώστε. Sehen Sie im Text nach und ergänzen Sie die fehlenden Formen der Adjektive.

Singular	ο βαθ**ύς** ...	η ________ ...	το ________ ...
Plural	οι βαθ**ιοί** ...	οι βαθ**ιές** ...	τα βαθ**ιά** ...

δ Κι εσείς; Unterhalten Sie sich mithilfe der Fragen in 2β über Ihren letzten Urlaub.

AB 3-5

3 Γεια σας, μία ερώτηση...

24-31 **α** Ταιριάξτε και ακούστε. Zu welchen Bildern passen die Sätze? Ordnen Sie zu und hören Sie anschließend zur Kontrolle.

- ☐ ▸ Άντε πάλι διόδια! Έχεις μήπως ψιλά;
- ☐ ◆ Γεια σας. Ρεσεψιόν εκεί;
- ☐ ■ Θα θέλαμε να νοικιάσουμε ένα μικρό αυτοκίνητο για δέκα μέρες.
- 1 ● Θέλουμε να πάμε στο Αγκίστρι. ◆ Με το φέρι μποτ ή με δελφίνι;
- ☐ ■ Θέση για σκηνή ή για τροχόσπιτο; Και για πόσες μέρες;
- ☐ ▸ Κυρίες και κύριοι προσοχή παρακαλώ! Σε λίγα λεπτά φτάνουμε στο λιμάνι της Πάτμου.
- ☐ ◆ Μήπως έχετε φυλλάδια με τα δρομολόγια από Θεσσαλονίκη για Καστοριά;
- ☐ ▸ Μου το γεμίζετε, παρακαλώ; ■ Απλή ή σούπερ αμόλυβδη;

β Ακούστε ξανά και σημειώστε. Hören Sie erneut und notieren Sie *Σ* für *σωστό* und *Λ* für *λάθος*.

1. Στο Αγκίστρι πάει και το φέρι μποτ και το δελφίνι. ☐
2. Ο κύριος θέλει ένα μεσαίο αυτοκίνητο για 10 μέρες. ☐
3. Το δωμάτιο 224 δεν έχει ντουλάπα. ☐
4. Ο κύριος θέλει να βάλει σούπερ. ☐
5. Ο οδηγός δεν έχει ψιλά. ☐
6. Το πλοίο φεύγει από το λιμάνι της Πάτμου. ☐
7. Η κυρία θέλει μια θέση για ένα τροχόσπιτο. ☐
8. Η κυρία θέλει να πάει στη Αθήνα. ☐

γ Συμπληρώστε και ακούστε ξανά. Ergänzen Sie die Dialoge und hören Sie dann zur Kontrolle. (CD 32-33)

- Και μέχρι τι ώρα μπορώ να το επιστρέψω;
- Και πόσο κοστίζει;
- Καλημέρα σας. Θα θέλαμε να νοικιάσουμε ένα μικρό αυτοκίνητο για δέκα μέρες.
- Με επιστροφή.
- Ορίστε. Μήπως μπορείτε να μας πείτε, πότε φεύγει το τελευταίο δελφίνι από το Αγκίστρι;
- Ποια είναι η διαφορά;
- Πολύ ωραία, τότε θα ήθελα δύο εισιτήρια με επιστροφή.
- Πόσο κοστίζει το ένα και πόσο το άλλο;
- Πότε φεύγει το επόμενο δελφίνι;
- Η ασφάλεια είναι μέσα στην τιμή;

____ μικρά ____ πήραν όλα.
____ Fiat μπορώ να σας ____ δώσω.

1

- Γεια σας. Θέλουμε να πάμε στο Αγκίστρι.
- Με το φέρι μποτ ή με δελφίνι;
- ______
- Το φέρι μποτ κάνει 2 ώρες, ενώ το δελφίνι μόνο 55 λεπτά. Είναι όμως λίγο πιο ακριβό.
- ______
- Απλή διαδρομή ή με επιστροφή;
- ______
- Το φέρι μποτ κάνει 22,40 € και το δελφίνι 25,50 €.
- ______
- Σε μισή ώρα περίπου.
- ______
- Ορίστε, μαζί μάς κάνουν 51 ευρώ, παρακαλώ.
- ______
- Βέβαια, ένα λεπτό να κοιτάξω...

2

- ______
- Τα μικρά τα πήραν όλα. Μόνο μεσαία μου έμειναν. Το Fiat Punto μπορώ να σας το δώσω στην τιμή του μικρού. Έχει 5 ταχύτητες, 5 πόρτες, κλιματισμό, ράδιο, CD, αυτόματα παράθυρα και υδραυλικό τιμόνι.
- ______
- 33,50 τη μέρα. Η βενζίνη είναι φυσικά έξτρα.
- ______
- Ναι, βέβαια.
- ______
- Θα πρέπει να το επιστρέφετε μέχρι τις τέσσερις το απόγευμα.

δ Παίξτε στην τάξη. Bilden Sie Zweiergruppen, füllen Sie Vorgabe-Kärtchen füreinander aus und spielen Sie die Situationen dann im Kurs.

AB 6-8

Εισιτήριο για το πλοίο

- Θέλετε να πάτε ~~στο(ν)~~ / στη(ν) *Πάρο*.
- Είστε ____ άτομο/-α.
- Θέλετε απλή διαδρομή / με επιστροφή.

Ενοικίαση αυτοκινήτου

- Θέλετε ένα μικρό / μεσαίο / μεγάλο αυτοκίνητο.
- (Δεν) Πρέπει να είναι αυτόματο με / χωρίς κλιματισμό

4 Η επόμενη στάση μας θα είναι...

α Διαβάστε και ταιριάξτε.
Überfliegen Sie die Anzeigen:
Welche der Überschriften passt jeweils?

Εκδρομή στη Θεσσαλονίκη
Ημερήσια εκδρομή στη λίμνη Κερκίνη
Μία μέρα στη Σαμοθράκη
Όλη η Θράκη σε μία μέρα

όλος ο / όλη η / όλο το

Η εκδρομή μας αρχίζει το πρωί στις 7.30 π.μ. στην πλατεία Αγίας Σοφίας.
Η πρώτη μας στάση με το πούλμαν θα είναι στο «Οικολογικό Κέντρο Κερκίνης - Μπέλλες».
Σ' αυτό το κέντρο θα μάθουμε πολλά για τη λίμνη Κερκίνης και για όλα τα ζώα που ζουν εκεί: από φλαμίνγκο μέχρι και αγριόγατες.
Μέσα από τις βάρκες μας πάνω στη λίμνη θα μπορέσουμε να δούμε πολλά πουλιά. Αργότερα θα πάμε και σε ένα όμορφο χωριό μέσα στη φύση. Εκεί θα μπορέσετε να πάτε για φαγητό και βόλτα μόνοι σας.
Στις εφτά το απόγευμα θα γυρίσουμε πάλι πίσω στη Θεσσαλονίκη.

Συνολικό κόστος: 48 € το άτομο χωρίς φαγητό (για παιδιά κάτω των 12 μόνο 25 €)
Πληροφορίες στο τηλέφωνο: 2310 – 985600
Γραφείο ταξιδιών Eco-Travels

Στην αρχαιότητα η Σαμοθράκη ήταν γνωστή ως «Ιερό Νησί». Ήδη στο Βυζάντιο ο κόσμος πήγαινε για θεραπεία στις ιαματικές πηγές του νησιού. Πολύ γνωστά είναι και τα μοναστήρια και όλες οι εκκλησίες του. Θα φύγουμε το πρωί στις 7 από το λιμάνι της Καβάλας με το φέρι μποτ για το λιμάνι της Καμαριώτισσας. Από εκεί θα κάνουμε αυτές τις στάσεις με το λεωφορείο:

- Επίσκεψη στην εκκλησία της Παναγίας της Καμαριώτισσας
- Ιστορικός γύρος στην παλιά πόλη (στη Χώρα) της Σαμοθράκης και πρωινό
- Ιαματικές πηγές και μεσημεριανό
- Μοναστήρι του Αγίου Αθανασίου
- Εκκλησία της Κοιμήσεως της Θεοτόκου στη Χώρα

Το απόγευμα θα έχουμε ελεύθερο χρόνο για βόλτα και μετά θα πάρουμε το φέρι μποτ για την Καβάλα στις οχτώ.

Ιερός Ναός Αγίου Νικολάου

β Διαβάστε και απαντήστε. Lesen Sie die Anzeigen in 4a und beantworten Sie die Fragen.

- Τι ώρα αρχίζει η εκδρομή;
- Πότε θα επιστρέψουν;
- Με τι θα ταξιδέψουν;
- Ποιες στάσεις θα κάνουν;

AB 9-10

5 Κάνει κρύο στη Βόρεια Ελλάδα.

βρέχει ▪ χιονίζει ▪ κάνει ζέστη
κάνει κρύο ▪ έχει συννεφιά ▪ έχει ήλιο
έχει καταιγίδες ▪ ~~έχει αέρα~~

α Ταιριάξτε. Ordnen Sie zu.

1. ο ήλιος 
____

2. η συννεφιά 
____

3. ο αέρας 
έχει αέρα

4. η βροχή
____

5. η καταιγίδα ______

6. το χιόνι ______

7. ψηλή θερμοκρασία (40 βαθμοί Κελσίου) ______

8. χαμηλή θερμοκρασία (μείον 5 βαθμοί) ______

34 **β** Ακούστε, ταιριάξτε και συμπληρώστε. Hören Sie das Gespräch, zeichnen Sie die Symbole ein und notieren Sie die Temperaturen.

Αθήνα: ______ ______°C Θεσσαλονίκη:  ______ ______°C Σαμοθράκη: ______ ______°C

γ Μιλήστε. Unterhalten Sie sich zu zweit. Wie ist das Wetter gerade bei Ihnen?

AB 11 *Κάνει ζέστη / κρύο: Έχουμε ... βαθμούς Κελσίου.*

6 Ένα ταξίδι στην...

α Ταιριάξτε τις προτάσεις. Sortieren Sie die Redemittel.

- Άσε καλύτερα, ...
- Προτείνω να...
- Δεν είναι καλή ιδέα να... ;
- Έχετε όρεξη να... ;
- Καλή ιδέα!
- Κι εγώ έτσι λέω.
- Μπα, διαφωνώ!
- Εγώ λέω να...
- Ναι, βέβαια...
- Οπωσδήποτε! Νομίζω ότι πρέπει να...
- Όχι βέβαια, ...
- Πλάκα μας κάνεις; Εγώ πάντως δεν θέλω να...
- Πώς σας φαίνεται να... ;
- Συμφωνώ με τον / την... Θέλω κι εγώ να...
- Χωρίς εμένα! Δεν το βλέπω να...

1. Einen Vorschlag machen: ______
2. Seine Zustimmung geben: ______
3. Ablehnung zum Ausdruck bringen: ______

β Κάντε σχέδια και γράψτε.
Planen Sie gemeinsam eine Reise und verfassen Sie eine Reisebeschreibung.

AB 12

Το ταξίδι μας είναι...
– Για ποιον;
– Για πόσον καιρό;
– Για πού;

7 Βράζουμε στο ίδιο καζάνι με τον Κέλσιο και τον Μποφόρ.

α Διαβάστε και βάλτε ένα Χ. Sehen Sie die Überschrift und das Bild an und kreuzen Sie an.

Το κείμενο μιλάει για…
- ☐ το δελτίο καιρού στην Ελλάδα.
- ☐ τη μεσογειακή κουζίνα.
- ☐ τους ανέμους, δηλαδή τον αέρα, στην Ευρώπη.

«Στην Ελλάδα δεν βρέχει πολύ συχνά. Έχει πάντα και παντού ζέστη.» Έτσι νομίζουν πολλοί που δεν γνωρίζουν καλά τη χώρα. Η αλήθεια είναι όμως ότι ανάλογα με το πού βρίσκεσαι υπάρχουν μεγάλες διαφορές στον καιρό και στη θερμοκρασία. Ενώ στην Κρήτη μπορεί να κάνει ζέστη και στην Αθήνα να έχει συχνά καύσωνα, μπορεί στην Καστοριά να κρυώνουν και πάνω στα βουνά να έχει χιόνια και να κάνουν σκι.

Το δελτίο καιρού στην Ελλάδα είναι το ίδιο με το δελτίο καιρού σε άλλες χώρες τις Ευρώπης, αλλά οι Έλληνες δεν θέλουν να ξέρουν μόνο αν θα βρέξει αύριο ή όχι, αλλά πιο σημαντικό είναι να ενημερώνεται ο κόσμος για τους ανέμους.
Η Ελλάδα έχει 87 κατοικημένα νησιά. Όταν φυσάει πολύ, κλείνουν τα λιμάνια και δεν υπάρχει συγκοινωνία για τα νησιά. Αυτό μπορεί να τύχει και μέσα στο βαρύ χειμώνα και μέσα στο ζεστό καλοκαίρι.

Όπως μετράνε τη θερμοκρασία σε βαθμούς Κελσίου, έτσι μετράνε και τους ανέμους σε μποφόρ. Έτσι ακούμε στο δελτίο καιρού: «Οι άνεμοι θα πνέουν βορειοανατολικοί 3 με 5 μποφόρ.» Ακόμη και οι τουρίστες ενδιαφέρονται για το δελτίο καιρού, γιατί θέλουν να ξέρουν αν θα φύγει αύριο το πλοίο για τη Μυτιλήνη ή όχι. Έχει όμως και μερικούς τουρίστες που χαίρονται για τα πολλά μποφόρ. Ποιοι; Αυτοί που κάνουν θαλάσσια σπορ.

β Σωστό (Σ) ή λάθος (Λ); Richtig oder falsch? Notieren Sie.

1. Η Ελλάδα είναι μία μικρή χώρα και κάνει παντού τον ίδιο καιρό. ☐
2. Πάνω στα βουνά μπορεί να έχει χιόνια. ☐
3. Όταν έχει καύσωνα, κλείνουν τα λιμάνια. ☐
4. Τα μποφόρ μετράνε τους ανέμους. ☐
5. Οι τουρίστες δεν ενδιαφέρονται για το δελτίο καιρού. ☐
6. Μερικοί χαίρονται όταν φυσάει πολύ. ☐

γ Μιλήστε. Sprechen Sie darüber, was Sie selbst am Wetterbericht besonders interessiert.

Με δυο λόγια

Εκφράσεις

Τα Μετέωρα βρίσκονται ανατολικά από...
Η Μάνη βρίσκεται στη νότια Πελοπόννησο.

Θέλουμε να πάμε στο Αγκίστρι.
Θα ήθελα δύο εισιτήρια με επιστροφή.
Πότε φεύγει το τελευταίο δελφίνι;
Μήπως έχετε φυλλάδια με τα δρομολόγια;

Θα θέλαμε να νοικιάσουμε ένα μικρό αυτοκίνητο.
Η ασφάλεια είναι μέσα στην τιμή;
Μέχρι τι ώρα μπορώ να το επιστρέψω;
Μου το γεμίζετε, παρακαλώ;

Θα θέλαμε μια θέση με τροχόσπιτο.
Πότε πρέπει να πληρώσουμε, τώρα ή στο τέλος;

Η εκδρομή μας αρχίζει το πρωί στις 7.30 π.μ.
Στις εφτά το απόγευμα θα γυρίσουμε πάλι πίσω.

Κάνει ζέστη / κρύο.
Βρέχει / Χιονίζει.
Έχει ήλιο / συννεφιά / καταιγίδες / αέρα / 40 βαθμούς Κελσίου.
Έχουμε ψηλή / χαμηλή θερμοκρασία.

Προτείνω να... / Δεν είναι καλή ιδέα να... ; /
Έχετε όρεξη να... ; / Πώς σας φαίνεται να... ; /
Εγώ λέω να...

Συμφωνώ με τον/την... / Καλή ιδέα!

Διαφωνώ!

Γραμματική

Adjektive auf *-ύς, -ιά, -ύ* → GR 5.1.3

Singular	βαθ**ύς**	βαθ**ιά**	βαθ**ύ**
Plural	βαθ**ιοί**	βαθ**ιές**	βαθ**ιά**

ebenso: βαρ**ύς**, **-ιά**, **-ύ**
φαρδ**ύς**, **-ιά**, **-ύ**

Verdoppelung des Objekts → GR 6.1

Τα μικρά **τα** πήραν όλα.
Το Fiat Punto μπορώ να σας **το** δώσω...

όλος ο / όλη η / όλο το

Singular	όλος ο	όλη η	όλο το
Plural	όλοι οι	όλες οι	όλα τα

Μπορώ...

	ich	___	Aufgabe
... beschreiben, wo sich ein Ort befindet.			1
... über meinen letzten Urlaub sprechen.			2
... nach dem Fahrplan fragen und eine Fahrkarte kaufen.			3
... ein Gespräch bei der Autovermietung führen.			3
... an einer Tankstelle oder einer Mautstelle kommunizieren.			3
... eine Durchsage auf der Fähre verstehen.			3
... an der Rezeption nach etwas fragen.			3
... einer Ausflugsbeschreibung Informationen entnehmen.			4
... über das Wetter sprechen.			5
... gemeinsam einen Ausflug oder Urlaub planen.			6

10 Πώς πάμε πιο πέρα;

Interessen darstellen || über den eigenen Lernweg erzählen || über Möglichkeiten zum Griechischlernen sprechen || Hoffnung äußern || eine Befürchtung ausdrücken || Veranstaltungshinweise auf einer Internetseite verstehen || Tipps zum selbstständigen Weiterlernen sammeln

1 Μου αρέσει η ελληνική λογοτεχνία.

α Ταιριάξτε. Ordnen Sie zu.

1

2

3

4

5

6
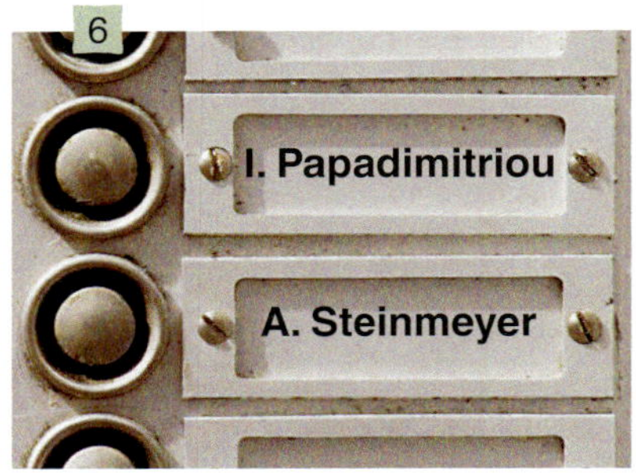

7

8

9

- [5] ελληνικός κινηματογράφος
- [ ] εστιατόριο εθνικής κουζίνας
- [ ] βυζαντινή χορωδία
- [ ] Έλληνας μανάβης
- [ ] ελληνική μουσική
- [ ] ελληνική λογοτεχνία
- [ ] ελληνόφωνοι γείτονες
- [ ] ορθόδοξη εκκλησία
- [ ] λογοτεχνική βραδιά

β Συμπληρώστε. Ergänzen Sie die Aussagen mit den Begriffen aus 1α.

1. Ενδιαφέρομαι για τον _ελληνικό κινηματογράφο_ και για την _ελληνική μουσική_. Γι' αυτό μου αρέσουν πολύ η Αλίκη Βουγιουκλάκη και η Ρένα Βλαχοπούλου. Είναι και οι δύο πολύ γνωστές ηθοποιοί και τραγουδίστριες.
2. Μου αρέσει πολύ το φαγητό και η ξένη κουζίνα. Πηγαίνω συχνά σε ______________ ______________. Φυσικά τρώω και σε ελληνικά εστιατόρια, αλλά κάπου κάπου ψωνίζω και σε έναν ______________ και μαγειρεύω στο σπίτι.

3. Στη γειτονιά μου έχουμε μερικούς ______________________________. Έρχονται συχνά σε μένα και καθόμαστε μαζί.

4. Άρχισα να πηγαίνω σε ______________________________. Τραγουδάμε μία φορά την εβδομάδα στην ______________________________.

5. Αγαπάω την ______________________________: τον Καζαντζάκη, τον Καβάφη, το Σεφέρη... Κάπου κάπου οργανώνουν ______________________________ με ελληνικά κείμενα στο ανοιχτό πανεπιστήμιο. Φυσικά στα γερμανικά. Έτσι καταλαβαίνουν όλοι.

γ Κι εσείς; Und was interessiert Sie rund um das Griechische? Unterhalten Sie sich zu zweit.

Γνωρίζεις καμιά ελληνική ταινία;
Πού πας για ελληνικό φαγητό;
AB 1-2 *Σου αρέσει να ακούς ελληνική μουσική;*

2 Μάθαινες ελληνικά πριν έρθεις στη χορωδία;

35 **α** Ακούστε και βάλτε ένα Χ. Hören Sie und kreuzen Sie an: Was trifft zu?

Η Άννα είναι	☐ Ελβετίδα	και τραγουδάει	☐ μαζί με την Αλεξίου.
	☐ Ελληνίδα		☐ σε μία ελληνική χορωδία.
	☐ Γερμανίδα		☐ μαζί με τη δασκάλα της.

β Σωστό (Σ) ή λάθος (Λ); Richtig oder falsch?

1. Στη χορωδία τραγουδάνε μόνο Έλληνες. ☐
2. Η Άννα αγαπάει την ελληνική μουσική. ☐
3. Η γειτόνισσά της της είπε για την ελληνική χορωδία. ☐
4. Η Άννα πήγαινε στη χορωδία πριν αρχίσει να μαθαίνει ελληνικά. ☐
5. Η χορωδία βοήθησε την Άννα στα ελληνικά. ☐

γ Ταιριάξτε και ακούστε ξανά. Ordnen Sie zu und hören Sie erneut zur Kontrolle.

1. Η Άννα αποφάσισε να μάθει ελληνικά
2. Ρώτησε τη δασκάλα της για τραγούδια
3. Μάθαινε ελληνικά
4. Δεν έμαθε για τη χορωδία

όταν ήξερε αρκετά ελληνικά.
πριν πάει στη χορωδία.
πριν γνωρίσει τη δασκάλα της.
τη στιγμή που άκουσε ένα τραγούδι της Αλεξίου.

πριν
+ 2. Verbstamm

δ Κι εσείς; Und wie sind Sie dazu gekommen, Griechisch zu lernen? Unterhalten Sie sich.

Εγώ αποφάσισα να μάθω ελληνικά, όταν γνώρισα τον άντρα μου.
Εγώ μαθαίνω ελληνικά, επειδή...
AB 3-5 *Πριν πάω στην Ελλάδα, ...*

3 Πώς να συνεχίσω;

α Κοιτάξτε και συμπληρώστε. Überfliegen Sie das Forum und ergänzen Sie in den folgenden Aussagen die passenden „Nicknames".

1. Η Μαριλού ______ προτείνει ελληνικές ταινίες στο ίντερνετ.
2. ______ θέλει να συνεχίσει να μαθαίνει ελληνικά.
3. ______ ξέρει ότι υπάρχουν μικρές ιστορίες για μαθητές ελληνικών.
4. Του ______ του αρέσουν τα κινούμενα σχέδια και τα παιδικά.
5. ______ ψάχνει κάποιον για ένα tandem.

Laura	Πώς να συνεχίσω; Γεια σας, μαθαίνω ελληνικά εδώ και δύο χρόνια. Του χρόνου όμως δεν θα έχουμε άλλο μάθημα ______ το τμήμα μας είναι πολύ μικρό. Έχει κανείς εδώ καμιά ιδέα τι μπορώ να κάνω, για να μην ξεχάσω τα ελληνικά που έμαθα;
Μαριλού	Γεια σου Laura. Είμαι δασκάλα ελληνικών. Άκου να δεις τι θα κάνεις. Μπορείς να βλέπεις ελληνικές ταινίες και ελληνικά σίριαλ κι έτσι θα ακούς κάθε μέρα ελληνικά. ______ δεν έχεις ελληνική τηλεόραση στο σπίτι, μπορείς να βρεις συχνά μικρά κλιπάκια στο ίντερνετ.
Tom_boy	@Μαριλού, καλή ιδέα με τις ελληνικές ταινίες. Εγώ πάλι, μαθαίνω γαλλικά, και όταν βλέπω γαλλικές ταινίες, δεν καταλαβαίνω πολλά ______ μαθαίνω γαλλικά εδώ και 4 χρόνια. Γι΄ αυτό αγοράζω DVD με κινούμενα σχέδια και παιδικά (Disney & Co.) και τα βλέπω στα γαλλικά. Στην αρχή βάζω και τους υπότιτλους ή στα γαλλικά ή στα ελληνικά και με βοηθάνε πολύ.
Sotiria_cgn	@Laura, είμαι φοιτήτρια γερμανικής φιλολογίας στην Κολωνία, ______ σπούδασα και ελληνική φιλολογία στην Ελλάδα. Ψάχνω κάποιον για ένα tandem, δηλαδή θέλω να γνωρίσω κάποιον που να μιλάει μαζί μου γερμανικά κι εγώ μαζί του ελληνικά. Τι λες; Μένεις εδώ κοντά; Έχεις όρεξη;
Sotiria_cgn	Α ναι, και κάτι άλλο: Υπάρχουν μικρές και εύκολες ιστορίες για μαθητές ελληνικών. Τις γνωρίζεις; Πήγαινε στη σελίδα του Πάμε! www.hueber.de/pame και ψάξε στο «Lektüren».

β Συμπληρώστε. Ergänzen Sie die fehlenden Wörter in den Forumsbeiträgen in 3α.

αλλά ■ αν ■ αν και ■ επειδή / γιατί

γ Διαβάστε και συμπληρώστε. Lesen Sie die Beiträge in 3α erneut und notieren Sie Tipps.

– Να βλέπεις ελληνικές ταινίες και ελληνικά σίριαλ.
– ...
– ...

AB 6-7

δ Κι εσείς. Und was machen Sie, um Ihr Griechisch zu pflegen?

4 Φοβάμαι πως δεν θα θέλεις να γυρίσεις πίσω.

36

α Ακούστε και βάλτε ένα Χ. Hören Sie den Dialog und kreuzen Sie an, was Wolfgang vorhat.

1 ☐

2 ☐

3 ☐

β Ταιριάξτε και ακούστε ξανά. Ordnen Sie zu und hören Sie erneut zur Kontrolle.

1. Ο Βόλφγκανγκ σκέφτεται	να γνωρίσει καινούριο κόσμο.
2. Η Στέλλα λέει	να πάει στην Ελλάδα για διακοπές και για μάθημα.
3. Ο Βόλφγκανγκ ελπίζει	ότι ο Βόλφγκανγκ ξέρει καλά ελληνικά.
4. Ο Βόλφγκανγκ νομίζει	πως κάθονται όλοι μαζί τα βράδια και τραγουδάνε.
5. Στο ίντερνετ γράφουν	πως δεν θα θέλει να γυρίσει ο πελάτης πίσω στη Βιέννη.
6. Η Στέλλα φοβάται	πως θα τον βοηθήσει πολύ το μάθημα στην Ελλάδα.
7. Η Στέλλα εύχεται	να περάσει καλά.

γ Διαβάστε και μιλήστε. Lesen Sie die Ergebnisse der Suchmaschine und unterhalten Sie sich über die Kursangebote.

Γιόγκα και **ελληνικά**!!
Ελάτε να μάθετε ελληνικά στην Κρήτη και να χαλαρώσετε!! Κάντε στις διακοπές και γιόγκα και **μάθημα** σ' ένα. Θα μείνετε σε μία πανσιόν μέσα στο χωριό και πηγαίνετε κάθε μέρα μετά τα μαθήματα για μπάνιο στη θάλασσα.

Ελληνικά στο Παν/μιο Ιωαννίνων
Μαθήματα ελληνικών ως ξένη/δεύτερη γλώσσα στο Παν/μιο Ιωαννίνων. Το **μάθημα** γίνεται καθημερινά τον Ιούλιο και τον Αύγουστο από τις 9 π.μ. μέχρι τις 2 μ.μ.

Ελληνικά και τουρισμός
Κάντε διακοπές στην Κύπρο, γνωρίστε το νησί και μάθετε **ελληνικά**. Θα κάνουμε το γύρο του νησιού και θα έχουμε κάθε μέρα 4 ώρες **μάθημα** ελληνικών. Ελάτε να γνωρίσετε τα αξιοθέατα της...

Πού προτιμάς να μάθεις ελληνικά;
Εγώ ξέρω ότι είναι πιο εύκολα να μάθεις ελληνικά στη χώρα που μιλάνε τη γλώσσα.
Εγώ πάλι θυμάμαι πως στο πανεπιστήμιο τα μαθήματα ήταν δύσκολα.
Εγώ πάντως δεν ξέρω αν θα ήθελα να πάω στην Ελλάδα ή στην Κύπρο. Τι λέτε;

AB 8-9

5 Rebetomania

α Κοιτάξτε και ταιριάξτε. Orientieren Sie sich auf der Internetseite und ordnen Sie die Begriffe der Navigationsleiste zu.

REBETOMANIA

- ☐ αρχική σελίδα
- ☐ τα τραγούδια μας
- ☐ η ιστορία μας
- ☐ σύνδεσμοι
- ☐ βιβλίο επισκεπτών
- ☐ επικοινωνία

Ρεμπέτικη βραδιά στη Νυρεμβέργη

Μετά από μία πανέμορφη βραδιά στη Βιέννη ερχόμαστε εμείς, δηλαδή η Rebetomania, 4 οργανοπαίχτες και οι δύο τραγουδίστριές μας, στη Νυρεμβέργη!
Η βραδιά οργανώνεται από την Ελληνική Κοινότητα Νυρεμβέργης και από το εστιατόριο «Το Steki». Μπορείτε να κλείσετε τραπέζι στο εστιατόριο. Το μενού κοστίζει 35 ευρώ το άτομο χωρίς ποτά.

Θα ακούσετε ελληνική μουσική: Παλιά και νέα τραγούδια. Θα φάτε, θα πιείτε και θα χορέψετε! Σας περιμένουμε για να περάσουμε μαζί μία αξέχαστη βραδιά.

Σάββατο 8 Σεπτεμβρίου, 9 μ.μ.

Το άλμπουμ μας
Βγήκε το πρώτο άλμπουμ με τραγούδια δικά μας και με τραγούδια από τις συναυλίες μας. Μπορείτε να αγοράσετε το CD στην ιστοσελίδα μας. Κάντε κλικ εδώ.

1. Gästebuch
2. unsere Geschichte
3. Kontakt
4. unsere Lieder
5. Links
6. Startseite

β Σωστό (Σ) ή λάθος (Λ). Richtig oder falsch?

1. Η Rebetomania είναι μία τραγουδίστρια. ☐
2. Το Σάββατο 8 Σεπτεμβρίου θα παίξουν στη Βιέννη. ☐
3. Τη βραδιά τη διοργανώνει η κοινότητα Νυρεμβέργης και ένα εστιατόριο. ☐
4. Η τιμή είναι με φαγητό. ☐
5. Σε λίγο καιρό θα βγει το δικό τους άλμπουμ. ☐

γ Ψάξτε και μιλήστε στην τάξη. Recherchieren Sie und berichten Sie davon im Kurs.

- Γίνονται ελληνικές βραδιές στην πόλη σας;
- Σε ποια ελληνικά εστιατόρια ή ταβέρνες κοντά σας έχει μουσική και χορό;
- Πότε είναι η επόμενη ελληνική βραδιά;

6 Ελληνικά δίπλα μου...

α Σημειώστε. Welche Empfehlungen passen zu welchen Vorlieben und Wünschen? Notieren Sie.

Αν έχετε όρεξη να δείτε ελληνικές ταινίες ■ Αν σας αρέσει να διαβάζετε ελληνικά
Αν θέλετε να φάτε καλά ελληνικά φαγητά
Αν θέλετε να ακούτε ελληνικά ■ Αν θέλετε να γνωρίσετε Έλληνες
~~Αν ενδιαφέρεστε για τον ελληνικό πολιτισμό και τη θρησκεία~~ ■ Αν σας αρέσει να τραγουδάτε

1. Αν ενδιαφέρεστε για τον ελληνικό πολιτισμό και τη θρησκεία,
μπορείτε να πηγαίνετε τις Κυριακές στην ελληνική ορθόδοξη εκκλησία.
2. ____________________,
μπορείτε να πάτε σε ελληνικές ταβέρνες στην πόλη σας.
3. ____________________,
αγοράστε ελληνικές εφημερίδες ή περιοδικά από το σταθμό.
4. ____________________,
ψάξτε στο διαδίκτυο για DVD με ελληνικά έργα.
5. ____________________,
πηγαίνετε σε ελληνικές εκδηλώσεις και γιορτές.
6. ____________________,
κοιτάξτε αν έχει καμιά ελληνική χορωδία στην πόλη σας.
7. ____________________,
μπορείτε να ακούτε ελληνικό ράδιο στο ίντερνετ.

β Γράψτε. Sammeln und notieren Sie Tipps und praktische Hinweise.

Τι προτείνετε; ελληνική χορωδία
Τι προσφέρουν; ελληνικά και βυζαντινά τραγούδια
Πού; στην ορθόδοξη εκκλησία
Διεύθυνση: Am Schönekamp 1
με το U74 από το σταθμό μέχρι τη στάση Werstener Dorfstraße και από εκεί με το λεωφορείο 785 μέχρι τη στάση Am Schönekamp
Διαδίκτυο: www.agiosandreas.de
Τιμή: δωρεάν
Για ποιον; για όλους και όλες

γ Μιλήστε στην τάξη. Präsentieren Sie Ihre Empfehlungen im Kurs.

AB 10

7 Η φυσαρμόνικα

α Ταιριάξτε. Ordnen Sie die Bezeichnungen den Instrumenten zu.

- ☐ ακορντεόν
- ☐ κιθάρα
- ☐ μπαγλαμάς
- ☐ μπουζούκι
- ☐ φυσαρμόνικα

2

3

4

5

37

β Συμπληρώστε και ακούστε. Ergänzen Sie und hören Sie anschließend das Lied.

τραγουδάμε ▪ τραγούδια ▪ τραγουδώ
παίζω ▪ φυσαρμόνικά (x2)

σαν = όταν

Ξεχνάω πίκρες και καημούς
που 'χω στα σωθικά μου
σαν ______________ τα ρεμπέτικα
στη ______________ μου.

Είν' η ζωή μας όμορφη
μόνο σαν ______________
και με ______________ έξυπνα
τα νιάτα μας γλεντάμε.

Τα μάτια που αγάπησα
και τα 'χω στην καρδιά μου
θα ______________ τσαχπίνικα
στη ______________ μου.

γ Βάλτε ένα Χ. Kreuzen Sie an, welche Themen in dem Lied vorkommen.

Το θέμα του τραγουδιού είναι...

- ☐ η αγάπη
- ☐ ο γάμος
- ☐ ο καημός
- ☐ η καλή ζωή
- ☐ τα λεφτά
- ☐ η μουσική
- ☐ τα προβλήματα
- ☐ το φεγγάρι

δ Ψάξτε στο διαδίκτυο. Recherchieren Sie im Internet.

- Τι είναι το ρεμπέτικο;
- Ποιοι ήταν οι ρεμπέτες;
- Από πού ήταν και πού έμεναν;
- Ποια είναι τα θέματα των τραγουδιών;
- Τι ξέρουμε για το Στράτο Παγιουμτζή;

Με δυο λόγια

Εκφράσεις

Ενδιαφέρομαι για τον ελληνικό κινηματογράφο.
Γι' αυτό μου αρέσει πολύ η Βουγιουκλάκη.
Αγαπάω πολύ την ξένη κουζίνα.
Αγαπάω την ελληνική λογοτεχνία.

Όταν άκουσα ένα τραγούδι της Αλεξίου, αποφάσισα να μάθω ελληνικά.
Όταν έμαθα αρκετά ελληνικά, ρώτησα τη δασκάλα μας αν μπορούμε να τραγουδάμε ελληνικά τραγούδια στην τάξη.
Πριν γνωρίσω τη δασκάλα μου, δεν είχα ιδέα ότι υπάρχει ελληνική χορωδία.

Ελπίζω να γνωρίσω καινούριο κόσμο.
Εύχομαι να περάσεις καλά.
Δεν φοβάσαι να πας σε άλλο νησί;
Φοβάμαι πως δεν θα θέλεις να γυρίσεις πίσω.

Αν ενδιαφέρεστε για τη θρησκεία, μπορείτε να πηγαίνετε στην ελληνική εκκλησία.
Αν θέλετε να ακούτε ελληνικά, μπορείτε να ακούτε ελληνικό ράδιο.
Αν έχετε όρεξη να δείτε ελληνικές ταινίες, ψάξτε στο διαδίκτυο.

Γραμματική

Nebensätze mit *όταν* → GR 9

Όταν άκουσα ένα τραγούδι της Αλεξίου, αποφάσισα να μάθω ελληνικά.
Όταν ήξερα αρκετά ελληνικά, είπα στη δασκάλα μας ότι...

Nebensätze mit *πριν* + 2. Verbstamm → GR 9

Μάθαινες ελληνικά **πριν έρθεις** στη χορωδία;
Πριν γνωρίσω τη δασκάλα μου, δεν είχα ιδέα ότι υπάρχει ελληνική χορωδία.

Nebensätze mit *αν και* → GR 9

Δεν καταλαβαίνω και πολλά **αν και** μαθαίνω γαλλικά εδώ και χρόνια.

Μπορώ...	ich	____	Aufgabe
... darstellen, wo meine Interessen liegen.			1
... sagen, wie ich dazu gekommen bin, Griechisch zu lernen.			2
... Tipps zum Griechischlernen verstehen und geben.			3
... Hoffnungen und Wünsche äußern.			4
... Befürchtungen ausdrücken.			4
... einer Internetseite zentrale Informationen entnehmen.			5
... Tipps zum selbstständigen Weiterlernen sammeln.			6

Η ζωή είναι ένας μύθος...

1 Η μυθολογία στις μέρες μας

α Ταιριάξτε. Ordnen Sie die Begriffe in der Mitte den passenden Themenbereichen links zu und finden Sie anschließend die griechische Bezeichnung.

1. Psychologie	A) Helium	α) Δούρειος Ίππος
2. Astronomie	B) Ödipus-Komplex	β) Εστιατόριο «Ποσειδώνας»
3. Gastronomie	Γ) Europa	γ) Ευρώπη
4. Geographie	Δ) „Trojaner" (trojanisches Pferd)	δ) Ήλιο
5. Informatik	E) Restaurant „Poseidon"	ε) Οιδιπόδειο σύμπλεγμα
6. Chemie	Z) Planet Mars	ζ) Πλανήτης Άρης

β Διαβάστε και συμπληρώστε. Lesen Sie und ergänzen Sie die griechischen Begriffe aus 1α.

Πολλοί λένε ότι η μυθολογία είναι ιστορία, αλλά δεν είναι αλήθεια. Η μυθολογία ζει και είναι ανάμεσά μας. Τη βρίσκουμε παντού στις μέρες μας. Ανοίγουμε το περιοδικό, διαβάζουμε το ωροσκόπιό μας και λέει:

«Ο ________________ σας δίνει πολύ δύναμη αυτή την εβδομάδα. Γιατί δεν γιορτάζετε τα γενέθλιά σας φέτος με φίλους σε ένα όμορφο εστιατόριο;»

Γιατί όχι, σκέφτεστε και μπαίνετε στο ίντερνετ για να ψάξετε το τηλέφωνο από το ________________ για να κλείσετε ένα τραπέζι για σας και τους φίλους σας. Αλλά... γιατί δεν δουλεύει ο υπολογιστής σας; Τι έχει; Αμάν, δεν θα το πιστέψετε: Ο υπολογιστής σας έχει έναν ________________ και δεν δουλεύει. Και τώρα;

Τώρα παίρνετε τους φίλους σας τηλέφωνο και τους προσκαλείτε να έρθουν στο σπίτι σας. Μετά βγαίνετε έξω να ψωνίσετε για το πάρτι. Μα τι καλή ιδέα που έχετε! Θα αγοράσετε μπαλόνια και θα τα γεμίσετε με ________ και θα πετάνε! Παίρνετε λοιπόν 100 μπαλόνια και πηγαίνετε στο ταμείο. «Αυτά τα μπαλόνια κοστίζουν 2 ευρώ το ένα.» σας λέει η πωλήτρια.

Κοιτάτε την ____________ πάνω στο κέρμα των 2 ευρώ που κρατάτε στο χέρι και λέτε: «Ορίστε;»

... και σκέφτεστε, «Δεν είμαι και ο βασιλιάς Κροίσος. Πού να τα βρω τόσα λεφτά μόνο για μπαλόνια; Είναι πολύ ακριβά!»

Αγοράζετε λοιπόν μόνο 20 και στο σπίτι αρχίζετε να τα γεμίζετε με ήλιο. Ένα, δύο, τρία, τέσσερα ... δώδεκα ... δεκαοχτώ ... «Πω πω! Σαν το Σίσυφο νιώθω! Δεν τελειώνουν αυτά τα μπαλόνια!»

Μετά έρχεται η φίλη σας, η Ηλέκτρα. Μπαίνει μέσα και το πρώτο που σας ρωτάει:
«Θα έρθει και ο Ηρακλής;»
«Ποιος; Ο Ηρακλής; Όχι, γιατί θα μου λέει πάλι πόσο ωραία είμαι και ότι μοιάζω με τη μητέρα του! Καλύτερα να μείνει στο σπίτι μόνος του και να συζητήσει με άλλους το ______________________ του...»

Έτσι γιορτάζετε τα γενέθλιά σας με τις φίλες σας, την Ηλέκτρα, τη Δάφνη, την Ελένη και την Αφροδίτη. Σας φέρνουν και ένα δώρο. Μα τι είναι; Ένα βιβλίο! Είναι η «Κασσάνδρα» της Κρίστα Βολφ!
«Α, σας ευχαριστώ πολύ! Η Κασσάνδρα; Μα πώς σας ήρθε η μυθολογία, βρε παιδιά;»

γ Πώς το λένε στα γερμανικά; Wie sagt man es auf Deutsch? Ergänzen Sie die deutschen Begriffe.

Gigant ▪ Kassandrarufe ▪ Krösus ▪ Odyssee ▪ Sisyphusarbeit

1. Όταν ο δρόμος είναι μακρύς και δύσκολος, τον λέμε «______________».
2. Όταν κάποιος έχει πολλά λεφτά, τον ονομάζουμε «______________».
3. Όταν κάποιος μας λέει ότι κάτι πολύ κακό θα γίνει, αυτό το λέμε «______________».
4. Όταν κάποιος είναι πολύ μεγάλος και δυνατός, στα γερμανικά είναι ένας «______________».
5. Όταν η δουλειά μας θέλει πολύ υπομονή και δεν τελειώνει ποτέ, μιλάμε για «______________».

δ Μιλήστε. Welche Namen könnten passen?

1 
Paketservice

2 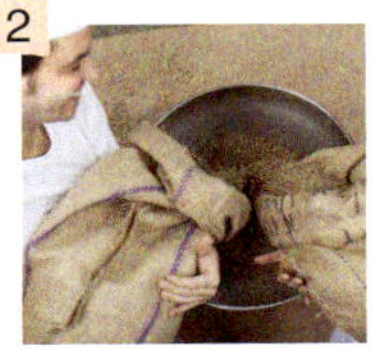
Vollkorn-Getreide

3 
Betonmischung

4 
Massageöl

5 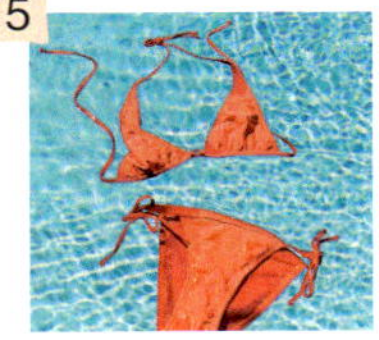
Badebekleidung

☐ Αφροδίτη ☐ Δήμητρα ☐ Ερμής
☐ Ηρακλής ☐ Ποσειδώνας

2 Οι δώδεκα…

α Κοιτάξτε και βάλτε ένα Χ. Welche Überschrift passt zu dieser Doppelseite? Kreuzen Sie an.

☐ Οι 12 μήνες του χρόνου ☐ Οι 12 Θεοί του Ολύμπου ☐ Τα 12 ωροσκόπια των άστρων

β Ταιριάξτε. Ordnen Sie die Symbole den Göttern zu und lesen Sie dann im Text nach.

γ Διαβάστε και σχεδιάστε ένα γενεαλογικό δέντρο. Lesen Sie und skizzieren Sie den Stammbaum der Götterfamilie. Kennen Sie auch die lateinischen Namen der Götter?

Ήρα

☐ Η Ήρα δεν είναι μόνο η σύζυγος, αλλά και η αδερφή του Δία. Ο άντρας της είναι «γυναικάς» και έχει ερωτικές σχέσεις με πολλές γυναίκες, π. χ. με τη Δήμητρα και την Ευρώπη. Γι' αυτό η Ήρα ζηλεύει το Δία και της αρέσει να γκρινιάζει. Το σύμβολο της Ήρας είναι το μήλο και το ρόδι, που συμβολίζει το συζυγικό δεσμό.

σπαθί 12

φωτιά 11

Δίας

☐ Ο Δίας είναι ο πιο σημαντικός θεός. Όπως και οι άλλοι θεοί ζει στον Όλυμπο. Ο Δίας είναι ο θεός του ουρανού: έχει στο χέρι του την αστραπή. Ο πατέρας του, ο Ουρανός, θέλει να τον φάει, αλλά η μητέρα του, η Γαία, τον πάει στην Κρήτη. Εκεί τον μεγαλώνει μία κατσίκα. Αργότερα γίνεται ο πατέρας πολλών θεών και των ανθρώπων. Η γυναίκα του είναι η θεά Ήρα.

μήλο 10

Ερμής

☐ Ο Ερμής, γιος του Δία, είναι ο αγγελιοφόρος των θεών, δηλαδή φέρνει μηνύματα από τους θεούς στους ανθρώπους. Γι' αυτό και το σύμβολο του ελληνικού ταχυδρομείου ΕΛΤΑ είναι ο Ερμής με τα φτερά. Είναι ο πρώτος δάσκαλος των ανθρώπων, γιατί αυτός τους έφερε τα γράμματα και την επιστήμη. Ο Ερμής είναι πάντα νέος και έχει ερωτικές σχέσεις με πολλές γυναίκες αλλά και με άντρες.

τόξο 9

Ήφαιστος

☐ Ο Ήφαιστος, ο γιος του Δία και της Ήρας, είναι γνωστός ως θεός της φωτιάς. Από παιδί είναι πολύ άσχημος και η μητέρα του δεν τον θέλει και τον πετάει στη θάλασσα. Τον μεγαλώνουν όμως η Θέτις και η Ευρυνόμη και εκεί μαθαίνει την τέχνη της φωτιάς. Τα ηφαίστεια έχουν το όνομά τους από τον Ήφαιστο, γιατί ο κόσμος λέει, ότι βουνά που βγάζουν φωτιά, πρέπει να έχουν το θεό της φωτιάς μέσα τους.

λύρα 8

Αθηνά

☐ Η Αθηνά, η θεά της σοφίας, της στρατηγικής και του πολέμου, γεννήθηκε μέσα από το κεφάλι του Δία. Σύμβολό της είναι η ασπίδα της, αλλά και η κουκουβάγια. Η Αθηνά είναι παρθένα (δηλαδή δεν είχε ποτέ ερωτικές σχέσεις) και γι' αυτό ο ναός της στην Ακρόπολη ονομάζεται Παρθενώνας. Ο Ποσειδώνας και η Αθηνά θέλουν και οι δύο να δώσουν το όνομά τους στην πόλη. Γι' αυτό κάνουν δώρα στους Αθηναίους. Ο Ποσειδώνας τους χαρίζει μια πηγή, αλλά με αλμυρό νερό της θάλασσας. Η Αθηνά τους κάνει δώρο ένα δέντρο ελιάς, που δίνει ελιές, λάδι και ξύλο, κι έτσι κερδίζει την πόλη που παίρνει το όνομά της, Αθήνα.

Ποσειδώνας

Ο Ποσειδώνας, ο Άδης και ο Δίας είναι αδέρφια. Ο Δίας είναι ο θεός του ουρανού, ο Άδης ο θεός του κάτω κόσμου και ο Ποσειδώνας ο θεός της θάλασσας. Στο χέρι του κρατάει πάντα μία τρίαινα και ζει σε ένα χρυσό παλάτι μέσα στη θάλασσα. Δεν μένει στον Όλυμπο, αλλά πηγαίνει εκεί μόνο για γιορτές.

Δήμητρα

Η Δήμητρα, αδερφή του Δία, έχει μία κόρη, την Περσεφόνη. Ο Δίας δίνει την Περσεφόνη στον Άδη για γυναικά. Το μισό χρόνο που η κόρη της είναι στον κάτω κόσμο, η Δήμητρα, η θεά της γεωργίας (το σύμβολό της είναι το στάχυ), είναι στενοχωρημένη και στη γη δεν έχει ούτε φυτά ούτε φρούτα. Όταν πάλι η κόρη της είναι κοντά της, στον πάνω κόσμο, ανθίζουν τα φυτά. Και γι' αυτό έχουμε στη γη τις εποχές του χρόνου.

ουκουβάγια

1

ηφαίστειο

2

Εστία

Η Εστία, αδερφή του Δία, είναι η θεά του σπιτιού και της οικογένειας. Μέσα σε κάθε σπίτι οι οικογένειες είχαν μία μικρή φωτιά, την «εστία». Στην αρχή είναι μία από τους δώδεκα θεούς του Ολύμπου, αλλά αργότερα ο Διόνυσος παίρνει τη θέση της.

3

αστραπή

Αφροδίτη

Η Αφροδίτη γεννήθηκε στην Πάφο της Κύπρου. Από εκεί ταξιδεύει στη θάλασσα και φτάνει στον Όλυμπο. Συχνά συμβολίζεται με τον κύκνο. Ο σύζυγός της είναι ο Ήφαιστος, αλλά η Αφροδίτη έχει και άλλες ερωτικές σχέσεις. Είναι γνωστή για την ομορφιά, τον αισθησιασμό και το πάθος της. Μαζί με το θεό του πολέμου, τον Άρη, κάνει ένα από τα παιδιά της, τον Έρωτα, που είναι γνωστός σε όλο τον κόσμο ως Eros.

4

κύκνος

5

στάχυ

Απόλλωνας

Ως θεός της μουσικής, ο Απόλλωνας έχει μαζί του μια λύρα, ένα δώρο του αδερφού του, Ερμή. Αλλά έχει και πολλά άλλα χαρακτηριστικά: γνωρίζει το μέλλον, αλλά είναι και ο θεός του φωτός και της θεραπείας. Ο Απόλλωνας είναι γιος του Δία και πατέρας του Ασκληπιού. (Ο Ασκληπιός είναι ο θεός της ιατρικής.)

6

φτερά

7

τρίαινα

Άρης

Ο γιος του Δία και της Ήρας, ο Άρης, είναι ο θεός του πολέμου. Αγαπάει πολύ τον πόλεμο και τη βία. Συχνά βρίσκεται στο δάσος στα άγρια ζώα. Ο κόσμος, ακόμη και ο πατέρας του, ο Δίας, δεν τον συμπαθούν. Ο Άρης όμως είναι πολύ δυνατός και έτσι αρέσει πολύ στην Αφροδίτη.

Άρτεμις

Η Άρτεμις, η θεά του κυνηγιού, είναι κόρη του Δία και της Λητούς και αδερφή του Απόλλωνα. Οι θεοί την αγαπούν πολύ, γιατί από πολύ μικρή ξέρει τι θέλει. Αγαπάει πολύ το κυνήγι, έχει πάντα μαζί της το τόξο της και από τον πατέρα της ζητάει ως δώρο να μην παντρευτεί ποτέ και να μην έχει ποτέ ερωτικές σχέσεις, δηλαδή να μείνει πάντα παρθένα.

3 Μυθολογικός χάρτης

α Ταιριάξτε. Ordnen Sie zu: Wie heißen die 5 Orte auf der Karte?

- ☐ Αιγαίο Πέλαγος
- ☐ Ιθάκη
- ☐ Ικαρία
- ☐ Κνωσσός
- ☐ Σπάρτη

β Ταιριάξτε. Welche drei Begriffe passen jeweils zusammen? Ordnen Sie zu.

1. ήρωας	A) polemisch	α) Irrgang
2. αρχαιότητα	B) archaisch	β) kriegerisch
3. πόλεμος	Γ) Helios	γ) altertümlich
4. νικάω	Δ) Labyrinth	δ) Sonnengott
5. ήλιος	E) Nike	ε) heldenhaft
6. λαβύρινθος	Z) heroisch	ζ) Siegesgöttin

γ Διαβάστε και συμπληρώστε. Lesen Sie und ergänzen Sie die Ortsnamen aus 3α.

Η Ιθάκη, η Σπάρτη, η Τροία και οι Δελφοί είναι γνωστά μέρη από τη μυθολογία και μέχρι σήμερα δεν άλλαξαν το όνομά τους. Έτσι οι Έλληνες σήμερα ζουν στις πόλεις και στα χωριά που – όπως διαβάζουμε στον Όμηρο – ζούσαν παλιά οι ήρωες της ελληνικής μυθολογίας.

Ο Μινώταυρος είναι γιος της Πασιφάης, που ήταν η γυναίκα του Βασιλιά Μίνωα.
Η Πασιφάη τον έκανε μαζί με έναν ταύρο, κι έτσι ο Μινώταυρος είναι μισός άνθρωπος και μισός ταύρος. Γι' αυτό ο βασιλιάς τον έκλεισε μέσα στο λαβύρινθο στην ______________ .

Ο Βασιλιάς Μίνωας ήθελε να κλείσει το Δαίδαλο και το γιο του, τον Ίκαρο, στο λαβύρινθο. Γι' αυτό ο Δαίδαλος έφτιαξε φτερά από κερί κι έτσι έφυγαν σαν πουλιά από την Κρήτη. Ο Ίκαρος όμως πέταξε πολύ ψηλά, κοντά στον ήλιο, και τα φτερά του έλιωσαν. Έπεσε στη θάλασσα. Το νησί εκεί κοντά που έπεσε ονομάζεται ______________ .

Ο Αιγέας έστειλε το γιο του, το Θησέα, να πάει στην Κρήτη και να παλέψει με το Μινώταυρο. Με τη βοήθεια της Αριάδνης, ο Θησέας νίκησε το Μινώταυρο και γύρισε πίσω στην Αθήνα, αλλά με μαύρα και όχι με άσπρα πανιά στο πλοίο. Ο πατέρας του, ο Αιγέας, είδε τα μαύρα πανιά και νόμισε ότι πέθανε ο γιος του. Γι' αυτό έπεσε στη θάλασσα που μέχρι σήμερα ονομάζεται ______________________________.

Στην ίδια θάλασσα ταξιδεύει και ο Οδυσσέας που γυρίζει από τον Τρωικό Πόλεμο πίσω στο νησί του, στην ____________, ένα νησί στο Ιόνιο Πέλαγος που είναι γνωστό από την αρχαιότητα. Επειδή το ταξίδι είναι μεγάλο, ονομάζουμε την περιπέτεια και το σημαντικό ρόλο του ταξιδιού που κάνουμε στη ζωή μας «οδύσσεια».

Ο Οδυσσέας πολεμούσε στον Τρωικό Πόλεμο μαζί με τον Αγαμέμνονα. Ο Αγαμέμνονας ήταν ο αδερφός του Μενελάου, του βασιλιά της ________________ . Αυτή η πόλη ήταν γνωστή για τους πολεμιστές της. Από 7 χρονών τα αγόρια μάθαιναν να πολεμάνε. Ήταν όλοι τους ήρωες και δυνατοί.

δ Ταιριάξτε. Ordnen Sie zu. Was passt zusammen?

1. Ο Βασιλιάς Μίνωας ήθελε να κλείσει το Δαίδαλο στο λαβύρινθο, ...
2. Η Αριάδνη βοήθησε το Θησέα με μια κλωστή...
3. Ο Θησέας είπε στον πατέρα του, τον Αιγέα, ότι θα γυρίσει με άσπρα πανιά στο πλοίο, ...
4. Ο Τρωικός πόλεμος έγινε...

...αν μπορέσει να νικήσει το Μινώταυρο.

...επειδή ο Πάρις πήρε μαζί του στην Τροία την Όμορφη Ελένη.

...επειδή βοήθησε την Αριάδνη και το Θησέα να βρει την έξοδο έξω από το λαβύρινθο.

...να βρει το δρόμο για την έξοδο στο λαβύρινθο.

ε Δείξτε στο χάρτη. Zeigen Sie auf der Karte andere mythologische Orte, die Sie kennen.

Η Τροία βρίσκεται σήμερα στην Τουρκία.
Ο Όλυμπος είναι ένα βουνό στο Βορρά, νότια από τη Θεσσαλονίκη.
Στους Δελφούς βρίσκουμε...

Partneraufgaben

Zu Lektion 3, 1β

β Ρωτήστε και απαντήστε. Fragen und notieren Sie, wo man die folgenden Läden findet. Sie benutzen den Plan auf dieser Seite, Ihr Partner schlägt Seite 22 auf.

α) βιβλιοπωλείο;
β) τράπεζα;
γ) βενζινάδικο;

Συγνώμη, ψάχνω ένα(ν) / μία ... εδώ κοντά;
Με συγχωρείτε, μήπως ξέρετε πού έχει ένα(ν) / μία ... ;

... είναι δίπλα στο(ν) / στη(ν) ...
... είναι απέναντι από ...

Zu Lektion 4, 1ε

ε Ρωτήστε και σημειώστε. Sie benutzen den Text auf dieser Seite, Ihr Partner schlägt Seite 31 auf. Tauschen Sie die fehlenden Informationen über Maria aus und machen Sie sich jeweils Notizen.

Η Μαρία γεννήθηκε το 1985. Μεγάλωσε με τη θεία της. Πήγε 12 χρόνια στο σχολείο, από το 1991 μέχρι το 2003.
Μετά το σχολείο σπούδασε στο Λονδίνο. Μετά το πανεπιστήμιο πήγε πίσω στην Ελλάδα με τον Κέβιν και τον παντρεύτηκε. Ο γιος τους γεννήθηκε στην Αθήνα. Το 2011 γύρισαν για τη δουλειά τους στο Λονδίνο.

Ξέρεις πώς τον λένε το γιο της;
Μισό λεπτό... Εμ, όχι, δεν ξέρω.

Zu Lektion 6, 1β

β Ρωτήστε και απαντήστε. Ihr Partner schlägt S. 48 auf und stellt Ihnen Fragen. Antworten Sie darauf und finden Sie so gemeinsam die Unterschiede zwischen den beiden Statuen.

Η κόρη έχει μόνο ένα πόδι. Το αριστερό.
Της λείπει το δεξί.

Grammatikübersicht A1–A2

0 Einleitung

Diese Übersicht fasst den Grammatikstoff von Πάμε! A1 und A2 systematisch zusammen.
Die Darstellung ist nach grammatikalischen Gesichtspunkten gegliedert und präsentiert die Inhalte, wo dies möglich ist, in übersichtlicher Tabellenform. Somit ergänzt sie die Grammatikdarstellung innerhalb der einzelnen Lektionen.
Die Zusammenfassung beschränkt sich auf die Grammatikinhalte, die in den beiden Bänden des Lehrwerks Πάμε! vorkommen. Es handelt sich also um eine Auswahl, nicht um ein umfassendes Nachschlagewerk. Ziel ist es, die wesentlichen Punkte für den Griechisch-Unterricht verständlich zu machen.

Mit der Grammatikübersicht können Sie ...

- sich einen Überblick über die Grammatikinhalte von Πάμε! verschaffen.
- Gelerntes einfach und schnell nachschlagen und wiederholen.
- ein grammatisches Thema, das in mehreren Lektionen erarbeitet wird, im Überblick erfassen.

Verweise auf die entsprechenden Lektionen (→ Πάμε! A2, L 6) ermöglichen es Ihnen, auf den Rückschauseiten im Kursbuch und in den Erläuterungen des Arbeitsbuchs noch einmal nachzulesen und sich so die grammatischen Themen im kommunikativen Kontext vor Augen zu führen.

Es werden folgende Abkürzungen verwendet:

Akk	= Akkusativ	n	= neutral
Gen	= Genitiv	Nom	= Nominativ
f	= feminin	Pl.	= Plural
L	= Lektion	Sing.	= Singular
m	= maskulin	Vok	= Vokativ

1 Grammatikbegriffe

Deutsch	Griechisch	Beispiele
Adjektiv	το επίθετο	***μικρός, -ή, -ό***
Adverb Temporal- (Zeit-) Lokal- (Orts-) Modal- (der Art und Weise)	το επίρρημα χρονικό τοπικό τροπικό	*Περάσαμε **ωραία**.* ***αμέσως*** ***εδώ*** ***ευτυχώς***
Akkusativ	η αιτιατική	*Βλέπω **τον** Κώστ**α**.*
Aktiv	η ενεργητική φωνή	*γράφ**ει** ↔ γράφεται*
Aorist	ο αόριστος	*(γράφω) **έγραψα***
Artikel bestimmt unbestimmt	το άρθρο οριστικό αόριστο	 ***ο, η, το*** ***ένας, μία / μια, ένα***
Augment	η αύξηση	*έγραψα*
Deklination	η κλίση ουσιαστικών	*η ώρ**α**, της ώρ**ας**, την ώρ**α***
Diminutiv (Verkleinerungsform)	το υποκοριστικό	*το ψωμί – το ψωμ**άκι***
Endung	η κατάληξη	*σκέφτ**ομαι***
Fragewort	ερωτηματική λέξη	***Πού; Τι; Πότε; Γιατί;***
Futur (Zukunft)	ο μέλλοντας	*(γράφω) **θα γράψω***
Genitiv	η γενική	***του** Κώστα, **της** πίτ**ας***

Deutsch	Griechisch	Beispiele
Genus (Geschlecht) maskulin feminin neutral	το γένος αρσενικό θηλυκό ουδέτερο	 ***ο*** *καφ**ές*** ***η*** *στάσ**η*** ***το*** *πρόβλη**μα***
Imperfekt	ο παρατατικός	*(γράφω)* ***έγραφα***
Imperativ	η προστακτική	***Άνοιξε! / Ανοίξτε!***
Indikativ	η οριστική	***γράφω*** *↔ να γράψω*
Infinitiv*	το απαρέμφατο	*(lern**en**)*
Kardinalzahl (Grundzahl)	το απόλυτο αριθμητικό	***ένα, δύο, τρία***
Kasus (Fall)	η πτώση	*τον Κώστα* ***(Akk.)***
Komparativ	ο συγκριτικός βαθμός	*μικρός –* ***πιο μικρός***
Konjugation	η κλίση ρημάτων	*γράφ**ω**, γράφ**εις**, γράφ**ει** ...*
Konjunktion	ο σύνδεσμος	*Δουλεύω* ***για να*** *ζω.*
Konsonant	το σύμφωνο	*Β = [v], Μ = [m], Π = [p], ...*
Nominativ	η ονομαστική	***ο*** *Κώστ**ας**,* ***η*** *πίτ**α**,* ***το*** *πρωί*
Objekt	το αντικείμενο	*Βλέπω* ***τον Κώστα****.*
Ordinalzahl (Ordnungszahl)	το τακτικό αριθμητικό	***ο πρώτος, ο δέυτερος, ...***
Passiv	η παθητική φωνή	*γράφει ↔ γράφ**εται***
Plural	ο πληθυντικός (αριθμός)	*η πίτα –* ***οι πίτες***
Positiv	ο θετικός βαθμός	***μικρός*** *– πιο μικρός – ο πιο μικρός*
Präposition	η πρόθεση	***από*** *τον Κώστα*
Präsens (Gegenwart)	ο ενεστώτας	***γράφω*** *(→ θα γράψω, έγραψα)*
Pronomen Demonstrativ- Indefinit- Personal- Possessiv- Relativ-	η αντωνυμία δεικτική αόριστη προσωπική κτητική αναφορική	 ***αυτός, αυτή, αυτό*** ***κάποιος, κανείς*** ***εγώ, εμένα*** ***(ο δικός) μου/σου/του ...*** ***που***
Silbe	η συλλαβή	*συλ-**λα**-βή*
Singular	ο ενικός (αριθμός)	***η πίτα*** *– οι πίτες*
Subjekt	το υποκείμενο	***Ο Κώστας*** *τρώει.*
Substantiv	το ουσιαστικό	*(γιορτάζω)* ***η γιορτή***
Superlativ	ο υπερθετικός βαθμός	*μικρός – πιο μικρός –* ***ο πιο μικρός***
Verb	το ρήμα	*(η γιορτή)* ***γιορτάζω***
Vokal	το φωνήεν	*Α = [a], Ε = [ε], Η = [i], ...*
Vokativ	η κλητική	*Κώστ**α!***
„Ypotaktiki“	η υποτακτική	*Θέλω* ***να ταξιδέψω****.*

* Existiert im Griechischen nicht mehr.

2 Artikel → Πάμε! A1

2.1 Bestimmter Artikel

		m	f	n
Singular	Nom	ο	η	το
	Gen	του	της	του
	Akk	το(ν)	τη(ν)	το
Plural	Nom	οι	οι	τα
	Gen	των	των	των
	Akk	τους	τις	τα

2.2 Unbestimmter Artikel

		m	f	n
Sing.	Nom	ένας	μία / μια	ένα
	Gen	ενός	μίας / μιας	ενός
	Akk	ένα(ν)	μία / μια	ένα

- Das *-ν* im Akkusativ steht jeweils nur vor Vokalen und vor *κ, π, τ, ξ, ψ, τσ, τζ, γκ, μπ* und *ντ*. Es ist aber kein gravierender Fehler, wenn man das *-ν* immer beibehält.
- Von *μία* existiert auch die einsilbige Nebenform *μια*. Möchte man betonen, dass es sich um „eine einzige" handelt, muss man auf jeden Fall *μία* benutzen. Ansonsten sind die Formen austauschbar.

3 Substantive

- Die Substantive lassen sich anhand ihrer Endungen verschiedenen Deklinationstypen zuordnen. Die Endungen geben dabei meist auch Auskunft darüber, welches Geschlecht die Wörter haben.
- Ob ein Wort auf der Endung betont ist oder nicht, spielt für die Form der Endungen keine Rolle. In einigen Fällen ändert sich allerdings bei der Deklination die Wortbetonung. Das hängt damit zusammen, dass griechische Substantive grundsätzlich auf einer der drei letzten Silben betont werden müssen. Mehrsilbige Endungen wie z. B. *-ματα* können deshalb den Akzent verschieben. Auch die Endungen *-ου* und *-ων* (Genitiv) sowie die Endung *-ους* (Akkusativ Plural) sind sprachgeschichtlich bedingt wie die zweisilbigen Endungen zu behandeln.
- In den folgenden Tabellen sind für die verschiedenen Deklinationstypen jeweils die grammatischen Fälle Nominativ, Genitiv und Akkusativ aufgeführt.
- Der Vokativ, den man benutzt, um jemanden direkt anzusprechen, ist nicht gesondert aufgeführt.
  - Er entspricht im Singular meist dem Akkusativ, im Plural dem Nominativ: *Πατέρ**α**! Έλλην**ες**! Καθηγητ**ή**! Φίλ**οι**!*
  - Eine Ausnahme stellen die Substantive auf *-ος* dar; sie enden im Vokativ Singular auf *-ε*: *Κύρι**ε**! Φίλ**ε**! Αλέξανδρ**ε**!*
  - Dies gilt allerdings nicht für Vornamen, die auf der vorletzten Silbe betont sind: sie enden im Vokativ wie im Akkusativ auf *-ο*: *Γιώργ**ο**! Πέτρ**ο**!*
- Anstelle des deutschen Dativs verwendet man im Griechischen meist die Präposition *σε* in Kombination mit dem Akkusativ, um das „indirekte Objekt" zu kennzeichnen:
  *Τι να χαρίσω **σε ένα παιδί** δύο χρονών; (Was soll ich **einem** zweijährigen **Kind** schenken?)*
  *Ο γαμπρός δίνει το μπουκέτο **στη νύφη**. (Der Bräutigam gibt **der Braut** den Blumenstrauß.)*
  Vor allem bei Namen kann auch der Genitiv diese Funktion übernehmen:
  ***Του Πέτρου** δεν του αρέσει η φέτα. (**(Dem) Peter** schmeckt Feta nicht.)*

3.1 Substantive auf -**ος**/-*οι* bzw. -**ός**/-*οί* (maskulin, feminin) → Πάμε! A1

Sing.	Nom	ο	φίλ**ος**	άνθρωπ**ος**	η	οδ**ός**	περίοδ**ος**
	Gen	του	φίλ**ου**	ανθρώπ**ου**	της	οδ**ού**	περιόδ**ου**
	Akk	το(ν)	φίλ**ο**	άνθρωπ**ο**	τη(ν)	οδ**ό**	περίοδ**ο**
Plural	Nom	οι	φίλ**οι**	άνθρωπ**οι**	οι	οδ**οί**	περίοδ**οι**
	Gen	των	φίλ**ων**	ανθρώπ**ων**	των	οδ**ών**	περιόδ**ων**
	Akk	τους	φίλ**ους**	ανθρώπ**ους**	τις	οδ**ούς**	περιόδ**ους**

- Die meisten Substantive mit der Endung *-ος* sind maskulin.
- Einige wenige Substantive, die auf *-ος* enden, sind feminin. Zu dieser Gruppe gehören u.a. die meisten Insel-, sowie einige Städte- und Ländernamen, z. B. *η Κόρινθος, η Ρόδος, η Λέσβος, η Κύπρος*.
- Bei manchen Berufs- / Personenbezeichnungen steht die Endung *-ος* für die männliche und die weibliche Form, z. B. *ο/η δικηγόρος* und auch *ο/η συνταξιούχος*.
- Das Substantiv *ο χρόνος (die Zeit, das Jahr)* hat je nach Bedeutung unterschiedliche Pluralformen: *οι χρόνοι (die Zeiten)* oder *τα χρόνια (die Jahre)*

3.2 Substantive auf -**ας**/-*ες*, -**ης**/-*ες* bzw. -**ής**/-*ές* (maskulin) → Πάμε! A1

Sing.	Nom	ο	άντρ**ας**	χάρτ**ης**
	Gen	του	άντρ**α**	χάρτ**η**
	Akk	το(ν)	άντρ**α**	χάρτ**η**
Plural	Nom	οι	άντρ**ες**	χάρτ**ες**
	Gen	των	αντρ**ών**	χαρτ**ών**
	Akk	τους	άντρ**ες**	χάρτ**ες**

- Zweisilbige Substantive auf *-ας* sind im Genitiv Plural endbetont: *-ών*.
- Der Genitiv Plural bei den Substantiven auf *-ης* ist immer endbetont: *-ών*.
- Bei manchen Berufsbezeichnungen steht die Endung *-ας* für die männliche und die weibliche Form, z. B. *ο/η αρχιτέκτονας*.

3.3 Substantive auf -**άς**/-*άδες*, -**ές**/-*έδες*, -**ής**/-*ήδες*, -**ούς**/-*ούδες* (maskulin) → Πάμε! A1

Sing.	Nom	ο	μπαμπ**άς**	καφ**ές**	ταξιτζ**ής**	παππ**ούς**
	Gen	του	μπαμπ**ά**	καφ**έ**	ταξιτζ**ή**	παππ**ού**
	Akk	το(ν)	μπαμπ**ά**	καφ**έ**	ταξιτζ**ή**	παππ**ού**
Plural	Nom	οι	μπαμπ**άδες**	καφ**έδες**	ταξιτζ**ήδες**	παππ**ούδες**
	Gen	των	μπαμπ**άδων**	καφ**έδων**	ταξιτζ**ήδων**	παππ**ούδων**
	Akk	τους	μπαμπ**άδες**	καφ**έδες**	ταξιτζ**ήδες**	παππ**ούδες**

- Parallel dazu bilden auch einige endbetonte feminine Wörter den Plural auf *-άδες*: *η μαμ**ά** – οι μαμ**άδες**, η γιαγι**ά** – οι γιαγι**άδες***.

3.4 Substantive auf *-α/-ες*, *-η/-ες* bzw. *-ά/-ές*, *-ή/-ές* (feminin) → Πάμε! A1

Sing.	Nom	η	ώρ**α**	κόρ**η**
	Gen	της	ώρ**ας**	κόρ**ης**
	Akk	τη(ν)	ώρ**α**	κόρ**η**
Plural	Nom	οι	ώρ**ες**	κόρ**ες**
	Gen	των	ωρ**ών**	κορ**ών**
	Akk	τις	ώρ**ες**	κόρ**ες**

- Feminine Wörter dieser Gruppe sind meist im Genitiv Plural auf der Endung betont. Das gilt jedoch nicht immer, z. B.: *των Ελληνίδων*.

3.5 Substantive auf *-η/-εις* (feminin) → Πάμε! A2, L 1

Sing.	Nom	η	στάσ**η**	τηλεόρασ**η**
	Gen	της	στάσ**ης**	τηλεόρασ**ης**
	Akk	τη(ν)	στάσ**η**	τηλεόρασ**η**
Plural	Nom	οι	στάσ**εις**	τηλεορ<u>ά</u>σ**εις**
	Gen	των	στάσ**εων**	τηλεορ<u>ά</u>σ**εων**
	Akk	τις	στάσ**εις**	τηλεορ<u>ά</u>σ**εις**

- Feminine Substantive, bei denen der Stamm mit einem [s]-Laut endet, bilden in der Regel den Plural auf *-εις*: *οι στά<u>σ</u>**εις**, οι τάξ**εις*** [taksis]
- Ebenso: *η πόλ**η** – οι πόλ**εις***.

3.6 Substantive auf *-ο/-α* bzw. *-ό/-ά* und *-ι/-ια* bzw. *-ί/-ιά* (neutral) → Πάμε! A1

Sing.	Nom	το	δώρ**ο**	λιμάν**ι**
	Gen	του	δώρ**ου**	λιμαν**ιού**
	Akk	το	δώρ**ο**	λιμάν**ι**
Plural	Nom	τα	δώρ**α**	λιμάν**ια**
	Gen	των	δώρ**ων**	λιμαν**ιών**
	Akk	τα	δώρ**α**	λιμάν**ια**

- Neutra mit der Endung *-ι* sind im Genitiv immer endbetont.

3.7 Substantive auf *-μα/-ματα* (neutral) → Πάμε! A1

Sing.	Nom	το	πρόβλη**μα**
	Gen	του	προβλή**ματος**
	Akk	το	πρόβλη**μα**
Plural	Nom	τα	προβλή**ματα**
	Gen	των	προβλη**<u>μά</u>των**
	Akk	τα	προβλή**ματα**

3.8 Substantive auf *-ος/-η* (neutral) → Πάμε! A2, L 6

Sing.	Nom	το	λάθ**ος**
	Gen	του	λάθ**ους**
	Akk	το	λάθ**ος**
Plural	Nom	τα	λάθ**η**
	Gen	των	λαθ**ών**
	Akk	τα	λάθ**η**

- Neutra mit der Endung *-ος* sind im Genitiv Plural immer endbetont.

3.9 Fremdwörter → Πάμε! A1

- Fremdwörter haben meist nicht die „typischen“ Substantiv-Endungen; sie sind in der Regel neutral und in ihrer Form unveränderlich: *το ευρώ – τα ευρώ.*
- Ebenso*: το e-mail, το ίντερνετ, το καφέ, το μασάζ, το μετρό, το μίνι μπαρ, το ντους, το πάρτι, το πικνίκ, το σινεμά, το σκι, το σουβενίρ, το ταξί, το τραμ, το φαξ, το φραπέ*
- Ausnahmen: ***η*** *πανσιόν – οι πανσιόν,* ***η*** *βίλα – οι βίλ****ες****,* ***η*** *κόκα κόλα – οι κόκα κόλ****ες****,* ***η*** *σουίτα – οι σουίτ****ες****.*

3.10 Diminutiv → Πάμε! A1

- Durch das Anhängen der Endung *-άκι* entsteht die Verkleinerungsform eines Wortes, die immer neutral ist. Das Diminutiv wird öfter gebraucht als im Deutschen, häufig in Bezug auf Lebensmittel und in der Kommunikation mit Kindern: z. B. *το ψωμάκι, το παιδάκι.*
- Aus phonetischen Gründen kann ein Bindelaut eingeschoben werden, wenn das Substantiv auf einen Vokal endet: z. B. *το καφεδάκι.*
- Männliche Namen verkleinert man mit der Endung *-άκης*, z. B. *ο Γιαννάκης*.
- Viele feminine Substantive bilden das Diminutiv auf *-ούλα*, z. B. *η σπανακοπιτούλα*; manche auf *-ίτσα,* z. B. *η Παναγίτσα.*

4 Zahlen

4.1 Kardinalzahlen (Grundzahlen) → Πάμε! A1

0	μηδέν			10	δέκα		
1	ένα	11	έντεκα / ένδεκα	20	είκοσι	200	διακόσια
2	δύο	12	δώδεκα	30	τριάντα	300	τριακόσια
3	τρία	13	δεκατρία	40	σαράντα	400	τετρακόσια
4	τέσσερα	14	δεκατέσσερα	50	πενήντα	500	πεντακόσια
5	πέντε	15	δεκαπέντε	60	εξήντα	600	εξακόσια
6	έξι	16	δεκαέξι	70	εβδομήντα	700	εφτακόσια
7	εφτά / επτά	17	δεκαεφτά	80	ογδόντα	800	οχτακόσια
8	οχτώ / οκτώ	18	δεκαοχτώ	90	ενενήντα	900	εννιακόσια
9	εννιά / εννέα	19	δεκαεννιά	100	εκατό	1000	χίλια
10	δέκα	20	είκοσι			2000	δύο χιλιάδες

19	δεκαεννιά	1470	χίλια τετρακόσια εβδομήντα
61	εξήντα ένα	1.000 000	ένα εκατομμύριο
152	εκατό**ν** πενήντα δύο	3.000 000	τρία εκατομμύρια

4.2 Deklination der Kardinalzahlen → Πάμε! A1

Bei Zahlwörtern, die die Ziffern 1, 3 und 4 enthalten, sowie bei den Hundertern und der Zahl Tausend gibt es unterschiedliche Formen je nach Geschlecht des nachfolgenden Substantivs.

	m	f	n
1	**ένας**	**μία**	**ένα**
3	τρ**εις**		τρ**ία**
4	τέσσερ**ις**		τέσσερ**α**

	m	f	n
101	εκατόν **ένας**	εκατόν **μία**	εκατόν **ένα**
83	ογδόντα τρ**εις**		ογδόντα τρ**ία**
14	δεκατέσσερ**ις**		δεκατέσσερ**α**

	m	f	n
500	πεντακόσι**οι**	πεντακόσι**ες**	πεντακόσι**α**
1000	χίλι**οι**	χίλι**ες**	χίλι**α**

4.3 Ordinalzahlen (Ordnungszahlen) bis 10 → Πάμε! A2, L 7

	Kardinalzahl		Ordinalzahl
1	ένα	1^{ος}/1^{η}/1^{ο}	πρώτος, -η, -ο
2	δύο	2^{ος}/2^{η}/2^{ο}	δεύτερος, -η, -ο
3	τρία	3^{ος}/3^{η}/3^{ο}	τρίτος, -η, -ο
4	τέσσερα	4^{ος}/4^{η}/4^{ο}	τέταρτος, -η, -ο
5	πέντε	5^{ος}/5^{η}/5^{ο}	πέμπτος, -η, -ο
6	έξι	6^{ος}/6^{η}/6^{ο}	έκτος, -η, -ο
7	εφτά	7^{ος}/7^{η}/7^{ο}	έβδομος, -η, -ο
8	οχτώ	8^{ος}/8^{η}/8^{ο}	όγδοος, -η, -ο
9	εννιά	9^{ος}/9^{η}/9^{ο}	ένατος, -η, -ο
10	δέκα	10^{ος}/10^{η}/10^{ο}	δέκατος, -η, -ο

5 Adjektive

5.1 Deklination der Adjektive → Πάμε! A1

- Adjektive werden dekliniert, d. h. sie verändern ihre Endung abhängig vom grammatischen Geschlecht, von der Anzahl und vom Fall des dazugehörigen Substantivs.
- Anders als im Deutschen ändern sich die Endungen auch dann, wenn das Adjektiv nicht direkt beim Substantiv steht (prädikative Verwendung):
  *Ο γαύρ**ος** δεν είναι ακριβ**ός**. (Gavros ist nicht **teuer**.)*
  *Οι σουίτ**ες** είναι ακριβ**ές**. (Die Suiten sind **teuer**.)*
- Die Endungen richten sich nach dem Deklinationstyp des Adjektivs; sie können also anders sein als die Endungen des zugehörigen Substantivs:
  *ο μικρ**ός** άντρ**ας**, η μεγάλ**η** γυναίκ**α**, το ακριβ**ό** κρασ**ί**.*
- Anders als bei den Substantiven bleibt bei den Adjektiven der Akzent immer gleich:
  ο όμορφος άνθρωπος, του όμορφου ανθρώπου
  η δύσκολη περίοδος, της δύσκολης περιόδου.

5.1.1 Adjektive auf *-ος, -η, -ο* bzw. *-ός, -ή, -ό* → Πάμε! A1

		m	f	n
Sing.	Nom	μεγάλ**ος**	μεγάλ**η**	μεγάλ**ο**
	Gen	μεγάλ**ου**	μεγάλ**ης**	μεγάλ**ου**
	Akk	μεγάλ**ο**	μεγάλ**η**	μεγάλ**ο**
Plural	Nom	μεγάλ**οι**	μεγάλ**ες**	μεγάλ**α**
	Gen	μεγάλ**ων**	μεγάλ**ων**	μεγάλ**ων**
	Akk	μεγάλ**ους**	μεγάλ**ες**	μεγάλ**α**

- Zu dieser Gruppe gehören in der Regel Adjektive, deren Stamm auf einen Konsonanten endet: *μεγά**λ**-ος, νόστι**μ**-ος, μικ**ρ**-ός* u.a.

5.1.2 Adjektive auf *-ος, -(ι)α, -ο* → Πάμε! A2, L 2

		m	f	n
Sing.	Nom	νέ**ος**	νέ**α**	νέ**ο**
	Gen	νέ**ου**	νέ**ας**	νέ**ου**
	Akk	νέ**ο**	νέ**α**	νέ**ο**
Plural	Nom	νέ**οι**	νέ**ες**	νέ**α**
	Gen	νέ**ων**	νέ**ων**	νέ**ων**
	Akk	νέ**ους**	νέ**ες**	νέ**α**

- Zu dieser Gruppe gehören in der Regel Adjektive, deren Stamm auf einen Vokal ([i]- oder [e]-Laut) endet: *κρ**ύ**-ος, μέτρ**ι**-ος, ωρ**αί**-ος* u.a.

feminin Singular	Nom	γλυκ**ιά**	φρέσκ**ια**	ξανθ**ιά**
	Gen	γλυκ**ιάς**	φρέσκ**ιας**	ξανθ**ιάς**
	Akk	γλυκ**ιά**	φρέσκ**ια**	ξανθ**ιά**

- Ausnahme: Die femininen Formen der Adjektive *γλυκός, φρέσκος* und *ξανθός* enden im Singular auf *-ια*.

5.1.3 Adjektive auf *-ύς, -ιά, -ύ* → Πάμε! A2, L 9

		m	f	n
Sing.	Nom	βαρ**ύς**	βαρ**ιά**	βαρ**ύ**
	Gen	βαρ**ιού**	βαρ**ιάς**	βαρ**ιού**
	Akk	βαρ**ύ**	βαρ**ιά**	βαρ**ύ**
Plural	Nom	βαρ**ιοί**	βαρ**ιές**	βαρ**ιά**
	Gen	βαρ**ιών**	βαρ**ιών**	βαρ**ιών**
	Akk	βαρ**ιούς**	βαρ**ιές**	βαρ**ιά**

- Ebenso: *μακρύς, φαρδύς, ελαφρύς, πλατύς.*

5.1.4 Unregelmäßiges Adjektiv *πολύς* → Πάμε! A2, L 2

		m	f	N
Sing.	Nom	πολ**ύς**	πολ<u>λ</u>**ή**	πολ**ύ**
	Gen	-	πολ<u>λ</u>**ής**	-
	Akk	πολ**ύ**	πολ<u>λ</u>**ή**	πολ**ύ**
Plural	Nom	πολ<u>λ</u>**οί**	πολ<u>λ</u>**ές**	πολ<u>λ</u>**ά**
	Gen	πολ<u>λ</u>**ών**	πολ<u>λ</u>**ών**	πολ<u>λ</u>**ών**
	Akk	πολ<u>λ</u>**ούς**	πολ<u>λ</u>**ές**	πολ<u>λ</u>**ά**

- Die Ausdrücke *πολύς (viel)* und auch *λίγος (wenig)* werden dekliniert; sie passen sich also an den Fall, das grammatische Geschlecht und die Anzahl des nachfolgenden Substantivs an:
  *Ο πολ**ύς** καφές δεν κάνει καλό. (**Viel** Kaffee tut nicht gut.)*
  *Έχεις πολ**λή** δουλειά; (Hast du **viel** Arbeit?)*
  *Το ψωμί είναι λίγ**ο**. (Das Brot ist **wenig**.)*

5.1.5 Unveränderliche Adjektive → Πάμε! A2, L 3

- Einige Adjektive – insbesondere Farbadjektive – sind Fremdwörter und in ihrer Form unveränderlich, sie passen sich also nicht dem grammatischen Geschlecht, der Anzahl und dem Fall des Bezugswortes an: *το μπλε καπέλο, η μπλε μπλούζα, τα μπλε παπούτσια.*
- Ebenso: *καφέ, πορτοκαλί, ροζ.*

5.2 Steigerung und Vergleich → Πάμε! A2, L 6

Für die Steigerung von Adjektiven gibt es im Griechischen die folgenden beiden Möglichkeiten:

- In der Umgangssprache benutzt man oft die Steigerungsartikel *πιο*, die man dem Adjektiv voranstellt:

Positiv	μικρός, -ή, -ό	klein
Komparativ	**πιο** μικρός, -ή, -ό	klein**er**
Superlativ	**ο πιο** μικρός, **η πιο** μικρή, **το πιο** μικρό	**der**, **die**, **das** klein**ste**

- Parallel dazu können die Steigerungsformen auch durch Anhängen bestimmter Endungen, z.T. unregelmäßig, gebildet werden, z.B. *μικρός (klein)* → *μικρότερος (kleiner)*, *όμορφος (hübsch)* → *ομορφότερος (hübscher)*, *καλός (gut)* → *καλύτερος (besser)*, *πολύς (viel)* → *περισσότερος (mehr)*.
- Vergleiche drückt man mithilfe der Adverbien *τόσο … όσο … ((genau)so … wie …)* bzw. mit der Präposition *από* + Akkusativ aus:

Positiv	Ο Τάκης είναι **τόσο** ψηλός **όσο** η Αλεξία.	Takis ist **genauso** groß **wie** Alexia.
Komparativ	Είναι **πιο** λεπτός **από** την Αλεξία.	Er ist dünn**er als** Alexia.
Superlativ	Ο Λεωνίδας είναι **ο πιο** μικρός (**από** τα αδέρφια).	Leonidas ist **der** Klein**ste** / **der** Jüng**ste** (**von** den Geschwistern).

6 Pronomen

6.1 Personalpronomen → Πάμε! A1

	Nominativ		Akkusativ			Genitiv („indirektes Objekt“)		
	betont		betont	unbetont		betont	unbetont	
Singular	εγώ	ich	εμένα	με	mich	εμένα	μου	mir
	εσύ	du	εσένα	σε	dich	εσένα	σου	dir
	αυτός	er	αυτόν	τον	ihn	αυτού	του	ihm
	αυτή	sie	αυτή(ν)	τη(ν)	sie	αυτής	της	ihr
	αυτό	es	αυτό	το	es	αυτού	του	es
Plural	εμείς	wir	εμάς	μας	uns	εμάς	μας	uns
	εσείς	ihr/Sie	εσάς	σας	euch/Sie	εσάς	σας	euch/Ihnen
	αυτοί	sie	αυτούς	τους	sie	αυτών	τους	ihnen
	αυτές		αυτές	τις				
	αυτά		αυτά	τα				

- Die Personalpronomen im Nominativ verwendet man nur dann, wenn die Person besonders hervorgehoben werden soll: *Είμαι ο Μιχάλης. – **Εγώ** είμαι η Ελένη. / Θα πάω στην Κύπρο το καλοκαίρι. Πού θα πάτε **εσείς**;*
- Im Akkusativ und Genitiv gibt es jeweils zwei Formen von Personalpronomen: die betonte und die unbetonte Form. Wenn keine besondere Betonung auf der Person liegt, benutzt man das unbetonte Pronomen, wenn man einen besonderen Fokus auf die Person setzen will, verwendet man zusätzlich die betonte Form: ***Με** λένε Μιχάλη. – **Εμένα με** λένε Πέτρο. / **Μου** αρέσουν τα μανταρίνια. **Εσένα** δεν **σου** αρέσουν;*
- In Sätzen ohne Verb muss die betonte Form stehen: *Με λένε Άννα. **Εσένα**;*

- Das unbetonte Pronomen steht in der Regel direkt vor dem Verb. In verneinten Sätzen, beim Futur oder in der Υποτακτική steht es zwischen der Partikel (*δεν, θα, να*) und dem Verb: ***Τον** ξέρω. Δεν **τη** βλέπω. Θα **του** δώσω τα λεφτά. Θέλεις να **σου** βάλω άλλο;*
Im Imperativ wird das Pronomen nachgestellt: *Δώσε **μου** το τηλέφωνό σου.*

- Wenn zwei unbetonte Pronomen in einem Satz kombiniert werden, steht – genau umgekehrt wie im Deutschen – zunächst der Genitiv und danach der Akkusativ:
***Σου το** είπα; (Habe ich **es dir** schon gesagt?) / Θα **του το** δώσω. (Ich werde **es ihm** geben.)*
- Nach den Präpositionen *από, για, με* und *σε* entfällt das ε- am Wortanfang: *από μένα, για σένα, με μας, σε σας.*

- In Fällen, in denen man es mit dem Possessivpronomen verwechseln könnte, bekommt das Personalpronomen einen Akzent: *Στο σπίτι **μού** αρέσει ο καφές. (Zu Hause schmeckt **mir** der Kaffee.) Στο σπίτι **μου**... (In **meinem** Haus ...)*

- Zur stärkeren Betonung kann man in einem Satz ein Akkusativobjekt durch die zusätzliche Nennung eines unbetonten Pronomens verdoppeln:
***Τον** είδες χθες **τον Ανδρέα**; **Την κουβέρτα** στη ντουλάπα μέσα **την** είδατε;*

6.2 Possessivpronomen → Πάμε! A1 → Πάμε! A2, L 7

unbetont

ο/η/το	Substantiv Singular	μου	mein/e
		σου	dein/e
		του, της, του	sein/e, ihr/e, sein/e
οι/οι/τα	Substantiv Plural	μας	unser/e
		σας	euer/e, Ihr/e
		τους	ihr/e

- Das Possessivpronomen hat in manchen Fällen Auswirkungen auf die Wortbetonung: Substantive, die auf der drittletzten Silbe betont sind, bekommen einen zweiten Akzent: *η καθηγήτριά σας, το τηλέφωνό μου, το πρόβλημά του, η θάλασσά μας.*

betont

(ο/η/το) δικός/-ή/-ό	μου	mein/e
	σου	dein/e
	του, της, του	sein/e, ihr/e, sein/e
(οι/οι/τα) δικοί/-ές/-ά	μας	unser/e
	σας	euer/e, Ihr/e
	τους	ihr/e

- Die betonten Formen kommen zum Einsatz, wenn das Possessivpronomen getrennt vom Bezugswort steht (prädikative Verwendung): ***Το διαμέρισμα** είναι **δικό μας**.*
- Auch wenn man die Zugehörigkeit besonders hervorheben möchte, verwendet man die betonten Possessivpronomen. Um die grammatischen Bezüge deutlich zu machen, steht – anders als im Deutschen – zusätzlich der Artikel: *Εγώ μένω **στο δικό σου** σπίτι εκεί και εσύ κάνεις διακοπές **στο δικό μου** διαμέρισμα εδώ. (Ich wohne in _X_ **deinem** Haus dort und du machst Urlaub in _X_ **meiner** Wohnung hier.)*

6.3 Demonstrativpronomen → Πάμε! A1 → Πάμε! A2, L 3, L 6

		m	f	n
Sing.	Nom	αυτός	αυτή	αυτό
	Gen	αυτού	αυτής	αυτού
	Akk	αυτόν	αυτή(ν)	αυτό
Plural	Nom	αυτοί	αυτές	αυτά
	Gen	αυτών	αυτών	αυτών
	Akk	αυτούς	αυτές	αυτά

- Die Demonstrativpronomen dienen dazu, Aufmerksamkeit auf jemanden bzw. auf etwas zu lenken. Während man im Deutschen dazu das neutrale Wort „*das*" gebraucht, müssen im Griechischen die Formen angepasst werden: *Αυτοί είναι οι γονείς μου. Αυτές είναι οι αδερφές μου.*

- Wenn man das Demonstrativpronomen attributiv, d.h. in Begleitung eines Substantivs, gebraucht, steht – anders als im Deutschen – zusätzlich auch noch der bestimmte Artikel vor dem Substantiv. Dabei passen sich sowohl das Demonstrativpronomen als auch der Artikel in Geschlecht, Anzahl und Fall an das Substantiv an: ***Αυτή η** ποιότητα σ' **αυτές τις** τιμές!*
- In den Ausdrücken *Νάτος!, Νάτη!, Νάτο!, Νάτα!* etc. verschmelzen die hinweisende Partikel *Να! (= Da!)* und das jeweilige Pronomen. Mit diesen Hinweiswörtern kann man auf eine Person oder eine Sache aufmerksam machen, nach der jemand sucht oder gefragt hat: *Μήπως είδες το γιο μου; – **Νάτος!***

6.4 Relativpronomen → Πάμε! A2, L 6

- Das Relativpronomen *που* bleibt unabhängig von der Anzahl oder dem Geschlecht seines Bezugswortes immer gleich: *Αυτός* ***που*** *φοράει το κόκκινο καπέλο είναι ο Μιχάλης.*
  Η Αρετή φιλοξενεί δύο κοπέλες ***που*** *δεν μιλάνε ελληνικά.*
- *που* benutzt man auch, um eine Orts- oder Zeitangabe durch einen Nebensatz zu präzisieren: *Στην ταβέρνα* ***που*** *φάγαμε καλά έχει και μουσική. / Τώρα* ***που*** *το λες το βλέπω κι εγώ.*
- Im Unterschied zum Deutschen steht vor einem Relativsatz mit *που* meistens kein Komma.
- Im Gegensatz zum gleichlautenden Fragewort *πού (wo)* steht auf dem Relativpronomen *που* kein Betonungszeichen.

6.5 Indefinitpronomen → Πάμε! A1 → Πάμε! A2, L 7

ο άλλος, η άλλη, το άλλο	der, die, das andere
ένας, μία/μια, ένα	einer, eine, eines
κάθε	jeder, jede, jedes
κανείς/κανένας, καμία/καμιά, κανένα	niemand/jemand
κάποιος/κάποια/κάποιο	(irgend)jemand
κάτι	etwas
μερικοί/μερικές/μερικά (Pl.)	einige, manche
όλοι/όλα	alle/alles
τίποτα	nichts

- Die Ausdrücke *κάθε, κάτι* und *τίποτα* sind in ihrer Form unveränderlich.
- Das Pronomen *κανένας* bildet die Formen analog zu *ένας; κάποιος* wird analog zu *ποιος* dekliniert.
- Der Ausdruck *κανείς* kann nur selbstständig, d. h. ohne weiteres Substantiv, verwendet werden.

- Die Verwendung der Pronomen *κάποιος* und *κανένας* ist in der griechischen Schriftsprache abhängig vom Satztyp.
  - *Κάποιος* steht in bejahten Aussagesätzen: ***Κάποιος*** *μου το είπε.*
  - In Fragesätzen dagegen übersetzt man das deutsche Wort *(irgend)jemand* mit dem Indefinitpronomen *κανείς* (*κανένας*): *Μπορεί να με βοηθήσει* ***κανείς;***
    (Vor allem in der gesprochenen Sprache kommt aber auch *κάποιος* in Fragesätzen vor.)
  - In verneinten Aussagen entspricht *κανείς* dem deutschen Wort *niemand*.
- In verneinten Sätzen muss – anders als im Deutschen – zusätzlich zu den negativen Indefinitpronomen die Negationspartikel *δεν* stehen:
  Κανείς δεν *μου το είπε.* ***Δεν*** *έχω* ***κανένα*** *πρόβλημα.* ***Δεν*** *θέλω* ***τίποτα***.

7 Fragewörter → Πάμε! A1

από πού;	woher?	πόσο;	wie viel?
γιατί;	warum?	πόσος / πόση / πόσο; πόσοι / πόσες / πόσα;	wie viel(e)?
πότε;	wann?	πού;	wo? / wohin?
ποιος / ποια / ποιο; ποιοι / ποιες / ποια;	wer? / welche(r)?	πώς;	wie?
ποιον / ποια / ποιο; ποιους / ποιες / ποια;	wen? / welche(n)?	τι;	was? welche/-r/-s? was für ein/e?

8 Präpositionen → Πάμε! A1 → Πάμε! A2

αντί για	αντί για ρύζι	(an)statt Reis
από	από τον Παύλο	von Pavlos
	από την Ελβετία	aus der Schweiz
	από τις έξι το απόγευμα	seit 6 Uhr nachmittags
για	για τη Μαρία	für Maria
	για πρωινό	zum Frühstück
	για πρώτη φορά	zum ersten Mal
	το λεωφορείο για την Ερεσό	der Bus nach Eresos
	για δύο χρόνια	zwei Jahre lang, für zwei Jahre
έως	Τετάρτη έως Παρασκευή	Mittwoch bis Freitag
με	με τον Κώστα	mit Kostas
	έξι με οχτώ	von sechs bis acht
μετά (από)	μετά (από) το μάθημα	nach dem Unterricht
μέχρι	μέχρι τις οχτώ	bis acht Uhr
	μέχρι την Αθήνα	bis (nach) Athen
παρά	δέκα παρά δύο	zehn vor zwei
πριν (από)	πριν (από) δύο εβδομάδες	vor zwei Wochen
προς	προς την Ελλάδα	nach / Richtung Griechenland
σε	στην πανσιόν	in der Pension
	στο μπαλκόνι	auf dem Balkon
	πάω στη δουλειά	ich gehe zur / in die Arbeit
	πάω στην Αθήνα	ich fahre (gehe) nach Athen
	στο περίπτερο	am Kiosk
	στο σπίτι	zu Hause
	στη μαμά μου	bei meiner Mutter
	στα ελληνικά	auf Griechisch
	στις 11 η ώρα	um 11 Uhr
	στις 3 Απριλίου	am 3. April
χωρίς	χωρίς την Άννα	ohne Anna

- Die Präposition *σε* wird regelmäßig mit dem bestimmten Artikel zu den Formen *στο(ν), στη(ν), στο, στους, στις, στα* zusammengezogen.
- Insbesondere beim schnellen Sprechen werden Endungen „verschluckt" – so bleibt zum Beispiel von *από* häufig nur *απ'* übrig: *Είμαι απ' την Αυστρία*.
- Anders als im Deutschen gibt es für Ortsangaben keine eigenen Präpositionen; sie werden stattdessen meist durch ein Adverb und die Präpositionen *σε* bzw. *από* ausgedrückt: ***κοντά σ****το ξενοδοχείο*, ***μακριά από*** *το αεροδρόμιο*.

9 Konjunktionen → Πάμε! A1 → Πάμε! A2

αλλά	aber, sondern	και... και	sowohl ... als auch
αν	wenn, ob	μα	aber
αν και	wenn auch, obwohl	όμως	aber
για να	um ... zu, damit	όταν	wenn, als
γιατί	weil	ότι	dass
επειδή	weil	ούτε	auch nicht
ή	oder	ούτε... ούτε	weder ... noch
ή... ή	entweder ... oder	πως	dass
και	und, auch	πριν	bevor

10 Adverbiale Angaben

10.1 Adverbien → Πάμε! A2, L 8

- Während Adjektive ein einzelnes Substantiv beschreiben, beziehen sich Adverbien auf ein Verb oder Adjektiv. Sie sind unveränderlich und enden meistens auf *-α*.
- Adverbien kann man genau wie Adjektive steigern, indem man das Wort *πιο* voranstellt.

Adjektiv	Adverb
Η Χίος είναι ένα **ωραίο** νησί.	Στη Χίο περάσαμε **ωραία**.
Το αεροπλάνο είναι **πιο γρήγορο** (από το τρένο).	Με το αεροπλάνο πας **πιο γρήγορα**.

- Einige geläufige Adverbien enden nach altgriechischem Bildungsmuster auf *-ως*: z. B. *ευχαρίστως, συνήθως, δυστυχώς*.
- Außerdem gibt es einige unregelmäßige Adverbien mit anderen Endungen, z. B. *πολύ* und *λίγο*.

10.2 Zeitangaben

10.2.1 Uhrzeit → Πάμε! A1

	Τι ώρα είναι;		Πότε;
13:00	Είναι μία (η ώρα).	13:00	Στη μία (το μεσημέρι).
15:00	Είναι τρεις (η ώρα).	15:00	Στις τρεις (το απόγευμα).
16:00	Είναι τέσσερις (η ώρα).	16:00	Στις τέσσερις.
17:05	Είναι πέντε και πέντε.	16:45	Στις πέντε παρά τέταρτο.
17:15	Είναι πέντε και τέταρτο.	16:55	Στις πέντε παρά πέντε.
17:25	Είναι πέντε και είκοσι πέντε.	13:00–17:00	Από τη μία μέχρι τις πέντε.
17:30	Είναι πέντε και μισή.	18:00–20:00	Έξι με οχτώ (το βράδυ).

10.2.2 Wochentage und Tageszeiten → Πάμε! A1

τη Δευτέρα	am Montag	τη νύχτα	in der Nacht (nachts)
την Τρίτη	am Dienstag	το πρωί	am Morgen, am Vormittag
την Τετάρτη	am Mittwoch	το μεσημέρι	am Mittag
την Πέμπτη	am Donnerstag	το απόγευμα	am Nachmittag
την Παρασκευή	am Freitag	το βραδάκι	am Spätnachmittag
το Σάββατο	am Samstag	το βράδυ	am Abend
την Κυριακή	am Sonntag	τα μεσάνυχτα	um Mitternacht

10.2.3 Datum → Πάμε! A1

	Πότε;
01/01/2000	Στη / Στις μία Ιανουαρίου (του) δύο χιλιάδες.
25/03/1821	Στις είκοσι πέντε Μαρτίου (του) χίλια οχτακόσια είκοσι ένα.
24/12/2014	Στις είκοσι τέσσερις Δεκεμβρίου (του) δύο χιλιάδες δεκατέσσερα.

- Zur Datumsangabe gebraucht man die Präposition *στις* und die „normale" Zahl – nicht wie im Deutschen die Ordinalzahl (*am fünfundzwanzig**sten** März*). Lediglich in der Schriftsprache wird der erste des Monats mit der Ordinalzahl im Akkusativ angegeben. Der Monat steht im Genitiv.
- Das Datum kann mit Schrägstrichen (01/01/2000) oder auch mit Bindestrichen (01-01-2000) geschrieben werden.

10.2.4 Weitere Temporaladverbien → Πάμε! A1 → Πάμε! A2

ακόμα / ακόμη	noch
αμέσως	sofort
απόψε	heute Abend
αργά	spät
αύριο	morgen
ήδη	schon
κάπου κάπου	manchmal
μετά	dann, danach
νωρίς	früh
ξανά	wieder
πάλι	wieder
παλιά	früher, damals
πάντα	immer
πέρσι	letztes Jahr

πολλές φορές	oft
ποτέ (δεν)*	niemals, nie
πριν	vorher
πρώτα	zuerst
σήμερα	heute
συνήθως	gewöhnlich
συχνά	oft
τελικά	schließlich
τότε	dann, damals
του χρόνου	nächstes Jahr
ύστερα	danach
φέτος	dieses Jahr
χθες	gestern

* Anders als beim deutschen *nie* muss man Äußerungen mit *ποτέ* zusätzlich mit *δεν* verneinen (doppelte Verneinung): ***Ποτέ δεν** πίνω καφέ με γάλα.* bzw. ***Δεν** πίνω **ποτέ** καφέ με γάλα.*

10.3 Lokaladverbien → Πάμε! A1 → Πάμε! A2

ανάμεσα	dazwischen	κάτω	unten / darunter
απέναντι	gegenüber	κοντά	nahe / in der Nähe
αριστερά	links	μακριά	weit weg
γύρω	rund(her)um	μέσα	drinnen
δεξιά	rechts	μπροστά	vorne / davor
δίπλα	daneben	παντού	überall
εδώ	hier	πάνω	oben / darüber
εκεί	dort	πίσω	hinten / dahinter
έξω	draußen	πουθενά (δεν)*	nirgends

* Anders als beim deutschen *nirgends* muss man Äußerungen mit *πουθενά* zusätzlich mit *δεν* verneinen (doppelte Verneinung): ***Πουθενά δεν*** *βρίσκω μπαταρίες.* bzw. ***Δεν*** *βρίσκω μπαταρίες* ***πουθενά***.

10.4 Modaladverbien → Πάμε! A1 → Πάμε! A2

ακριβώς	genau
δυστυχώς	leider
επίσης	ebenfalls
έτσι	so
ευτυχώς	zum Glück
ίσως	vielleicht (in Aussagen)
καλά	gut
κυρίως	vor allem
μαζί	zusammen
μάλλον	wahrscheinlich
μήπως	vielleicht (in Fragen)
μόνο	nur
όπως	wie
σαν	wie
ωραία	schön
ως	als

11 Verben

11.1 Besonderheiten des griechischen Verbsystems

11.1.1 Aspektverwendung → Πάμε! A2, L 8

Im Griechischen macht man grundsätzlich die Unterscheidung, ob Handlungen *wiederholt / andauernd / gewohnheitsmäßig* sind oder aber *einmalig* stattfinden bzw. *abgeschlossen* sind. Man spricht von zwei unterschiedlichen Aspekten*.

wiederholt, andauernd, gewohnheitsmäßig	einmalig, abgeschlossen
Κάθε καλοκαίρι θέλω **να βλέπω** τη θάλασσα. Ich möchte **jeden Sommer** das Meer **sehen**.	**Φέτος** θέλω **να δω** την Ακρόπολη. **Dieses Jahr** möchte ich die Akropolis **sehen**.
Θέλω **να βλέπω** τις ειδήσεις. Ich möchte (**immer, täglich** etc.) die Nachrichten **sehen**.	Θέλω **να δω** τις ειδήσεις. Ich möchte (**heute, jetzt gleich** etc.) die Nachrichten **sehen**.

Die beiden Aspekte unterscheidet man im Imperativ und in der Υποτακτική sowie in den Zeiten der Zukunft und Vergangenheit (Aorist und Imperfekt). Der Aspekt der Dauer einer Handlung wird mit dem ersten Verbstamm ausgedrückt, der Aspekt der Einmaligkeit mit dem zweiten Verbstamm.
Einige Verben haben allerdings nur einen Stamm. Dazu zählen die wichtigen Wörter *είμαι*, *έχω* und *κάνω*. Einen Sonderfall stellt *πάω* dar: es handelt sich dabei um den zweiten Stamm, den man aber auch als Präsensform gebrauchen kann. Wenn man den Aspekt der Dauer betonen möchte, verwendet man dagegen den eigentlichen ersten Stamm des Verbs: *πηγαίνω*.

* Für die Aspekte findet man in Grammatiken und sprachwissenschaftlicher Literatur verschiedene Bezeichnungen: z. B. „durativer", „linearer", „kontinuierlicher" oder „paratatischer" Aspekt zum Ausdruck von Dauer / Wiederholung und „synoptischer", „punktueller" oder „aoristischer" Aspekt zum Ausdruck von Einmaligkeit / Abgeschlossenheit.

11.1.2 Mediopassive Formen → Πάμε! A2, L 7

Neben den aktivischen Verbtypen auf *-ω* (Typ A) und auf *-άω* oder *-ώ* (Typ B1 oder B2) gibt es im Griechischen auch sogenannte mediopassive Formen auf *-ομαι* (Typ Γ1) und auf *-άμαι* (Typ Γ2). Manche dieser Formen sind von aktiven Verben abgeleitet (z. B. *βρίσκω – βρίσκομαι*), andere kommen aber auch nur in mediopassiver Form vor (z. B. *έρχομαι, κάθομαι, εύχομαι* etc.).
Von der Bedeutung her entsprechen die mediopassiven Formen meistens nicht dem deutschen Passiv, sondern lassen sich auf ganz unterschiedliche Arten übersetzen:

Η Σαμοθράκη **βρίσκεται** στο βόρειο Αιγαίο.	Samothraki **befindet sich** in der Nord-Ägäis.
Απαγορεύεται το κάπνισμα.	Es **ist verboten** zu rauchen.
Πώς **γράφεται** «διεύθυνση»;	Wie **schreibt man** „διεύθυνση"?
Το κουδούνι δεν **ακούγεται** καλά.	Die Klingel **ist** nicht gut **zu hören** / **lässt sich** nicht gut **hören** / **kann man** nicht gut **hören**.
Έρχεται με το αεροπλάνο.	Er / Sie **kommt** mit dem Flugzeug.

11.1.3 Υποτακτική (Verbkonstruktion mit *να*) → Πάμε! A1 → Πάμε! A2, L 3, L 5

Die Konstruktion mit *να* + Verbform wird als „Υποτακτική" bezeichnet.
Sie ist in der griechischen Grammatik häufig und erfüllt verschiedene Funktionen.

- Die Υποτακτική hat oft eine modale Bedeutung: Die Form drückt aus, was man will, kann, muss oder soll. Im Deutschen verwendet man stattdessen häufig die Modalverben *wollen*, *sollen*, *können* oder *müssen*.

Θέλω να κάνω διακοπές στη Μύκονο.	Ich **will** Urlaub auf Mykonos machen.
Μπορείτε να το πείτε ξανά;	**Können** Sie das noch einmal sagen?
Πρέπει να πάρεις τον ηλεκτρικό.	Du **musst** die Bahn nehmen.
Τι **να** κάνουμε απόψε;	Was **sollen** wir heute Abend machen?

- Mit der Υποτακτική kann man um Rat fragen, Ratschläge geben oder Aufforderungen ausdrücken.

Ποιο **να** πάρω;	Welches **soll** ich nehmen?
Να πάρεις το καφέ!	**Nimm doch** das braune!
Να βλέπεις για παράδειγμα ελληνικές ταινίες.	**Sieh** dir zum Beispiel griechische Filme an.

- Die Υποτακτική kommt auch in Verbindung mit Bewertungen vor: sie gibt an, was nötig oder unnötig, gut oder schlecht ist. Im Deutschen steht an dieser Stelle häufig ein Nebensatz mit *dass* oder *wenn* oder eine Infinitivkonstruktion.

Μου αρέσει να πηγαίνω βόλτες.	Ich gehe gern spazieren.
Δεν χρειάζεται να έρθεις.	Es ist nicht nötig, dass du kommst. / Du brauchst nicht zu kommen.
Είναι καλό να πάρεις κάτι μικρό.	Es ist gut, wenn du etwas Kleines mitbringst.

- Mithilfe der Partikel *να* kann man ein Verb an ein anderes Verb (*θέλω να κάνω*), an ein Adjektiv (*είναι καλό να*) oder an einen unpersönlichen Ausdruck (*μου αρέσει να*) anschließen. Die Konstruktion kann aber auch ohne ein anderes Verb vorkommen (*Ποιο να πάρω;*).

11.1.4 Verneinung → Πάμε! A1 → Πάμε! A2, L 3, L 5

Im Griechischen gibt es zwei verschiedene Arten der Verneinung: Während Verben im Indikativ (also im Präsens, im Futur und in den Vergangenheitsformen) mit *δεν* verneint werden, gebraucht man bei der Υποτακτική und im Imperativ die Negationspartikel *μη(ν)*.

Δεν θα πάω.	**Δεν** το αγοράζω.
Να **μην** πας!	Να **μην** το αγοράσεις!
Μην πας!	**Μην** το αγοράσεις!

Abhängig davon, mit welchem Laut das folgende Wort beginnt, kann die Partikel *μην* zu *μη* verkürzt sein. Der Regel nach steht das *-ν* nur vor Vokalen und den Konsonanten(kombinationen) *κ, π, τ, ξ, ψ, τς, τζ, γκ, μπ* und *ντ*.
Ansonsten fällt es sowohl beim Sprechen als auch beim Schreiben meistens weg:
Μην *απαντήσεις τώρα!* ***Μη*** *διαβάσεις αυτό το βιβλίο!*
In der gesprochenen Sprache wird diese Regel häufig auch auf *δεν* (also *δεν / δε*) angewandt. Beim Schreiben verkürzt man *δεν* allerdings nicht, damit es nicht mit dem Wort *δε* (*jedoch, wiederum*) verwechselt werden kann.

11.2 Formenbildung

11.2.1 Die beiden Stämme des Verbs → Πάμε! A1 → Πάμε! A2

- Zum Ausdruck der verschiedenen Aspekte (*wiederholt / andauernd* vs. *einmalig / abgeschlossen*) ist die Unterscheidung der beiden Stämme eines Verbs wesentlich. Gegenüber dem Präsensstamm verändert sich im zweiten Stamm (auch Aorist-Stamm genannt) meist der Laut am Stammende. Das Signal für den zweiten Stamm ist häufig ein [s]-Laut.
- Die meisten Verben lassen sich in Gruppen einteilen, die den zweiten Stamm nach demselben Muster bilden.

Präsens	Futur / Υποτακτική (einmalig) θα/να	Aorist	weitere Beispiele aus Πάμε! A1 und A2
αγορά**ζ**ω	αγορά**σ**ω	αγόρα**σ**α	αρχίζω, βράζω, γιορτάζω, γνωρίζω, γυρίζω, διαβάζω, διασκεδάζω, δοκιμάζω, εκατοστίζω, ελπίζω, ζωγραφίζω, καπνίζω, κοστίζει, μεταφράζω, νοικιάζω, νομίζω, σπουδάζω, συνεχίζω, χιονίζει, χωρίζω
αλλά**ζ**ω	αλλά**ξ**ω	άλλα**ξ**α	κοιτάζω, πειράζω, παίζω
δουλ**εύ**ω	δουλ**έψ**ω	δούλ**εψ**α	ανάβω, απαγορεύω, γράφω, μαγειρεύω, πιστεύω, στρίβω, ταξιδεύω, χορεύω
κρυώ**ν**ω	κρυώ**σ**ω	κρύω**σ**α	κλείνω, μεγαλώνω, πληρώνω, σηκώνω, τελειώνω, φτάνω
ανοί**γ**ω	ανοί**ξ**ω	άνοι**ξ**α	βρέχει, προσέχω, υπάρχω, ψάχνω
αγαπ**άω**	αγαπ**ήσ**ω	αγάπ**ησ**α	die meisten Verben auf -άω
περν**άω**	περ**άσ**ω	πέρ**ασ**α	ξεχνάω, κερνάω
φορ**άω**	φορ**έσ**ω	φόρ**εσ**α	πονάω
ευχαριστ**ώ**	ευχαριστ**ήσ**ω	ευχαρίστ**ησ**α	ακολουθώ, επικοινωνώ, ζω
μπορ**ώ**	μπορ**έσ**ω	μπόρ**εσ**α	παρακαλώ, συγχωρώ, προσκαλώ

- Bei einigen Verben lässt sich die Stammveränderung nicht von der Präsensform ableiten, sondern wird unregelmäßig gebildet. Eine alphabetische Liste mit den Stammformen wichtiger Verben, die im Lehrwerk Πάμε! vorkommen, findet sich auf der ausklappbaren Umschlagseite des Kursbuchs.

11.2.2 Betonungsregeln beim Verb → Πάμε! A2, L 2, L 5, L 8

Aorist	Imperfekt
γύρισα	γύριζα
γύρισες	γύριζες
γύρισε	γύριζε
γυρίσαμε	γυρίζαμε
γυρίσατε	γυρίζατε
γύρισαν	γύριζαν

- Für die Vergangenheitsformen Aorist und Imperfekt ist charakteristisch, dass bei mehrsilbigen Verben jeweils die drittletzte Silbe betont wird.
  Weil die Endungen aber unterschiedlich lang sind, verschiebt sich die Betonung zwischen den verschiedenen Formen desselben Verbs.

- Verben, die insgesamt nur zwei Silben haben (wie z. B. *γράφω*), bekommen in den Vergangenheitsformen (im Singular und in der 3. Person Plural) ein sogenanntes Augment *έ-* vorangestellt, sodass die drittletzte Silbe betont werden kann.
In der gesprochenen Sprache hört man in der 3. Person Plural neben den Formen *έγραψαν* oder *έκαναν* auch die Formen *γράψανε* und *κάνανε*.

Aorist	Imperfekt
έγραψα	**έ**γραφα
έγραψες	**έ**γραφες
έγραψε	**έ**γραφε
γρ<u>ά</u>ψαμε	γρ<u>ά</u>φαμε
γρ<u>ά</u>ψατε	γρ<u>ά</u>φατε
έγραψαν	**έ**γραφαν

- Ein Betonungswechsel gegenüber der Präsensform findet auch beim Imperativ Singular statt: Wenn die Form mehr als zwei Silben hat, rückt die Betonung immer auf die drittletzte Silbe.

Präsens	Imperativ Singular	Imperativ Plural
αγορ<u>ά</u>ζω	Αγ<u>ό</u>ρασε!	Αγορ<u>ά</u>στε!
ρωτ<u>ά</u>ω	Ρ<u>ώ</u>τησε!	Ρωτ<u>ή</u>στε!

- Imperativformen, die auf der drittletzten Silbe betont sind, bekommen einen zusätzlichen Akzent, wenn danach ein Pronomen steht: *<u>Ά</u>κουσ<u>έ</u> με! Ρ<u>ώ</u>τησ<u>έ</u> την!*

11.2.3 Exemplarische Verbtabellen → Πάμε! A1 → Πάμε! A2

είμαι

	Präsens	Futur / Υποτακτική θα/να	Imperfekt
Singular	είμαι	είμαι	ήμουν
	είσαι	είσαι	ήσουν
	είναι	είναι	ήταν
Plural	είμαστε	είμαστε	ήμασταν
	είστε	είστε	ήσασταν
	είναι	είναι	ήταν

έχω

	Präsens	Futur / Υποτακτική θα/να	Imperfekt
Singular	έχω	έχω	είχα
	έχεις	έχεις	είχες
	έχει	έχει	είχε
Plural	έχουμε	έχουμε	είχαμε
	έχετε	έχετε	είχατε
	έχουν	έχουν	είχαν

Verben auf *-ω* (Typ A)

	Präsens	Futur / Υποτακτική (einmalig) θα/να	Aorist	Imperfekt	Imperativ (einmalig)
Singular	αγοράζ**ω**	αγοράσ̲**ω**	αγόρασ̲**α**	αγόραζ**α**	Αγόρασ̲**ε**!
	αγοράζ**εις**	αγοράσ̲**εις**	αγόρασ̲**ες**	αγόραζ**ες**	
	αγοράζ**ει**	αγοράσ̲**ει**	αγόρασ̲**ε**	αγόραζ**ε**	
Plural	αγοράζ**ουμε**	αγοράσ̲**ουμε**	αγοράσ̲**αμε**	αγοράζ**αμε**	Αγοράσ̲τ**ε**!
	αγοράζ**ετε**	αγοράσ̲**ετε**	αγοράσ̲**ατε**	αγοράζ**ατε**	
	αγοράζ**ουν**	αγοράσ̲**ουν**	αγόρασ̲**αν**	αγόραζ**αν**	

Verben auf *-άω* (Typ B1)

	Präsens	Futur / Υποτακτική (einmalig) θα/να	Aorist	Imperfekt	Imperativ (einmalig)
Singular	μιλ**άω**	μιλήσ**ω**	μίλησ**α**	μιλ**ούσα**	Μίλησ**ε!**
	μιλ**άς**	μιλήσ**εις**	μίλησ**ες**	μιλ**ούσες**	
	μιλ**άει**	μιλήσ**ει**	μίλησ**ε**	μιλ**ούσε**	
Plural	μιλ**άμε**	μιλήσ**ουμε**	μιλήσ**αμε**	μιλ**ούσαμε**	Μιλήσ**τε!**
	μιλ**άτε**	μιλήσ**ετε**	μιλήσ**ατε**	μιλ**ούσατε**	
	μιλ**άνε**	μιλήσ**ουν**	μίλησ**αν**	μιλ**ούσαν**	

Verben auf *-ώ* (Typ B2)

	Präsens	Futur / Υποτακτική (einmalig) θα/να	Aorist	Imperfekt	Imperativ (einmalig)
Singular	συγχωρ**ώ**	συγχωρέσ**ω**	συγχώρεσ**α**	συγχωρ**ούσα**	Συγχώρεσ**ε!**
	συγχωρ**είς**	συγχωρέσ**εις**	συγχώρεσ**ες**	συγχωρ**ούσες**	
	συγχωρ**εί**	συγχωρέσ**ει**	συγχώρεσ**ε**	συγχωρ**ούσε**	
Plural	συγχωρ**ούμε**	συγχωρέσ**ουμε**	συγχωρέσ**αμε**	συγχωρ**ούσαμε**	Συγχωρέσ**τε!**
	συγχωρ**είτε**	συγχωρέσ**ετε**	συγχωρέσ**ατε**	συγχωρ**ούσατε**	
	συγχωρ**ούν**	συγχωρέσ**ουν**	συγχώρεσ**αν**	συγχωρ**ούσαν**	

Verben auf *-ομαι* (Typ Γ1)

	Präsens	Futur / Υποτακτική (einmalig) θα/να	Aorist	Imperfekt	Imperativ (einmalig)
Singular	σκέφτ**ομαι**	σκεφτ**ώ**	σκέφτ**ηκα**	σκεφτ**όμουν**	Σκέψ**ου!**
	σκέφτ**εσαι**	σκεφτ**είς**	σκέφτ**ηκες**	σκεφτ**όσουν**	
	σκέφτ**εται**	σκεφτ**εί**	σκέφτ**ηκε**	σκεφτ**όταν**	
Plural	σκεφτ**όμαστε**	σκεφτ**ούμε**	σκεφτ**ήκαμε**	σκεφτ**όμασταν**	Σκεφτ**είτε!**
	σκέφτ**εστε**	σκεφτ**είτε**	σκεφτ**ήκατε**	σκεφτ**όσασταν**	
	σκέφτ**ονται**	σκεφτ**ούν**	σκέφτ**ηκαν**	σκέφτ**ονταν**	

Verben auf *-άμαι* (Typ Γ2)

	Präsens	Futur / Υποτακτική (einmalig) θα/να	Aorist	Imperfekt	Imperativ (einmalig)
Singular	θυμ**άμαι**	θυμηθ**ώ**	θυμήθ**ηκα**	θυμ**όμουν**	Θυμή**σου!**
	θυμ**άσαι**	θυμηθ**είς**	θυμήθ**ηκες**	θυμ**όσουν**	
	θυμ**άται**	θυμηθ**εί**	θυμήθ**ηκε**	θυμ**όταν**	
Plural	θυμ**όμαστε**	θυμηθ**ούμε**	θυμηθ**ήκαμε**	θυμ**όμασταν**	Θυμηθ**είτε!**
	θυμ**άστε**	θυμηθ**είτε**	θυμηθ**ήκατε**	θυμ**όσασταν**	
	θυμ**ούνται**	θυμηθ**ούν**	θυμήθ**ηκαν**	θυμ**όνταν**	

Lektionswortschatz

- In dieser Liste finden Sie die neuen Wörter und Ausdrücke in der chronologischen Reihenfolge ihres Vorkommens. Die deutsche Übersetzung beschränkt sich auf die **Bedeutung im jeweiligen Kontext** der Lektion – wenn Sie weitere Wortbedeutungen nachschlagen möchten, sollten Sie ein allgemeines Wörterbuch zur Hand nehmen.
- Bei **Substantiven** sind der Artikel und die Pluralform angegeben, bei **Adjektiven** die Endungen für die verschiedenen Geschlechter.
  Die griechischen **Verben** sind in der *ich*-Form aufgeführt, da im Griechischen kein Infinitiv existiert. Zusätzlich zur Präsensform ist jeweils angegeben, wie der zweite Verbstamm (im Futur bzw. in der Υποτακτική) lautet. Die Markierung macht deutlich, an welcher Stelle die Stammveränderung ansetzt.
- **Grau dargestellte Einträge** beziehen sich auf Texte der Leseseiten bzw. auf Zusatzmaterialien und gehören nicht zum aktiven Lernwortschatz. Wenn sie später erneut vorkommen, sind sie daher ein zweites Mal aufgelistet. Ebenfalls in grauer Schrift erscheinen grammatikalische Angaben, die zum aktuellen Zeitpunkt noch nicht gelernt wurden.
- In diese Liste nicht aufgenommen ist der Wortschatz aus den Arbeitsanweisungen, den Sie aber in der **alphabetischen Wortliste im Arbeitsbuch** nachschlagen können.

Verwendete Abkürzungen:

Abk.	= Abkürzung	Akk.	= Akkusativ	Nom.	= Nominativ	unveränd.	= unveränderlich
Adv.	= Adverb	gr.	= griechisch	Pl.	= Plural	wörtl.	= wörtlich

Μάθημα 1

το μάθημα, -(θή)ματα	Lektion
Πού ήσουν για διακοπές;	Wo warst du im Urlaub?

1

Ήμουν διακοπές.	Ich war im Urlaub.
το παστέλι, -ια	*Sesamriegel mit Honig*
το κοχύλι, -ια	Muschel
η τσάντα, -ες	Tasche, Handtasche
η τσίχλα, -ες	Kaugummi
το φιστίκι, -ια Αιγίνης	Pistazie
το φοιτητικό πάσο, -α	Studentenausweis
φοιτητικός, -ή, -ό	Studenten-
το εισιτήριο, -α	Fahrkarte, Eintrittskarte
το κλειδί, -ιά	Schlüssel
το μπρελόκ, -	Schlüsselanhänger
το τσαρούχι, -ια	*Trachtenschuh*
ήταν	er / sie / es war
πέρσι	letztes Jahr
ωραίος, -α, -ο	schön
τέλεια	vollkommen, super *(Adv.)*

2

θα χορέψουμε	wir werden tanzen
χορ**εύω, -έψω**	tanzen
πριν (από)	vor *(zeitlich)*
περνάω ωραία	eine schöne Zeit haben
περν**άω, -άσω**	(Zeit) verbringen; vorbeigehen
χθες	gestern
το θερινό σινεμά	Freilichtkino (*wörtl.* sommerliches Kino)
και τα δύο	beides
χάλια	miserabel *(Adv.)*
τα μπουζούκια *(Pl.)*	*Nachtclub mit griechischer Live-Musik*
το σχόλιο, -α	Kommentar
Δεν θα το πιστέψεις!	Du wirst es nicht glauben!
πιστ**εύω, -έψω**	glauben

3

Μπορείτε να με πάτε εσείς;	Können Sie mich hinbringen?
πάω	gehen (*hier:* bringen)
το Πασαλιμάνι	*Nebenhafen von Piräus, Ausgehviertel*
μπροστά από	vor *(räumlich)*
ο σταθμός, -οί	Bahnhof, Station
ο ηλεκτρικός	*elektrische Bahn von Athen*
απέναντι από	gegenüber von
η πύλη, -ες	Tor, Gate
πίσω από	hinter
δίπλα από / σε	neben
γύρω από	rund um
Με συγχωρείτε!	Verzeihen Sie!
συγχωρ**ώ, -έσω**	verzeihen
φεύγω, φύγω	abfahren; weggehen

Κάνετε λάθος!	Sie irren sich! (*wörtl.:* Sie machen einen Fehler!)
στρ**ίβω, -ίψω**	abbiegen
ακολουθ**ώ, -ήσω**	folgen; verfolgen
περίπου	ungefähr
η στροφή, -ές	Kurve
όλο ευθεία	immer geradeaus
ευθεία	geradeaus
δεξιά σας	rechts von Ihnen
σίγουρα	sicherlich; mit Sicherheit
Δεν κατάλαβα καλά.	Ich habe nicht richtig verstanden.
Μπορείτε να το πείτε ξανά;	Können Sie das noch einmal sagen?
ξανά	wieder, noch einmal
Λίγο πιο αργά, παρακαλώ.	Ein wenig langsamer, bitte.
αργά	langsam *(Adv.)*
πιο αργά	langsamer *(Adv.)*

4

μπλε *(unveränd.)*	blau
κόκκινος, -η, -ο	rot
η γραμμή, -ές	Linie
πράσινος, -η, -ο	grün
κοστ**ίζω, -ίσω**	kosten
το αυτόματο, -α	Automat
Να 'σαι καλά!	Danke! (*wörtl.*: Es soll dir gut gehen!)
κάτι άλλο	noch was (*wörtl.*: etwas Anderes)
κάτι	etwas
Τι εισιτήριο πρέπει να πάρω;	Welche Fahrkarte muss ich lösen?
πρέπει να	müssen
κανένα πρόβλημα	kein Problem
εύκολος, -η, -ο	leicht, einfach
μπαίνω, μπω	einsteigen; hineingehen
αλλάζω γραμμή	umsteigen (*wörtl.*: Linie wechseln)
αλλ**άζω, -άξω**	ändern, wechseln
αν	wenn, falls
βγαίνω, βγω	aussteigen; ausgehen

5

η λεωφόρος, -οι	Boulevard, Hauptstraße
παραδοσιακός, -ή, -ό	traditionell
ο χορός, -οί	Tanz
η ζωντανή μουσική	Live-Musik
ζωντανός, -ή, -ό	lebendig, live
η φιλαρμονική	Philharmonie
η μελωδία, -ες	Melodie
η είσοδος, -οι	Eintritt; Eingang
η κωμωδία, -ες	Komödie
από λάθος	aus Versehen
το δίλημμα, -(λήμ)ματα	Dilemma
η αστυνομία	Polizei
το μενού, -	Menü
ο / η μουσικός, -οί	Musiker/in
κλασικός, -ή, -ό	klassisch

6

η παράσταση, -(άσ)εις	Vorstellung
το άτομο	pro Person
νωρίτερα	vorher; früher *(Adv.)*

7

το ποδήλατο, -α	Fahrrad
ο Πόρος	Insel Poros
ο τουρισμός	Tourismus
η φύση	Natur
η αρχιτεκτονική	Architektur
η ποδηλατάδα	Fahrradtour
η ηλιοθεραπεία	Sonnenbad
η βαρκάδα	Bootstour
η ρομαντζάδα	romantischer Ausflug
παντού	überall(hin)
το δάσος, -η	Wald
το στρες	Stress
κάνω κακό	schaden, schlecht sein für
οικονομικός, -ή, -ό	günstig, preiswert
μας κάνει και νιώθουμε πάλι παιδιά	bringt uns dazu, uns wieder wie Kinder zu fühlen
φυσικός, -ή, -ό	natürlich, Natur-
η πηγή, -ές	Quelle
θα συναντήσετε	Sie werden antreffen
για παράδειγμα	zum Beispiel
τότε	dann
αναχωρ**ώ, -ήσω**	abfahren
καθημερινά	täglich *(Adv.)*
η βάρκα, -ες	Boot
ρομαντικός, -ή, -ό	romantisch
η οικονομία, -ες	Wirtschaft, Ökonomie
η ποδηλατοπορεία, -ες	Fahrraddemo
η πορεία, -ες	(Protest-)Marsch
ο ποδηλάτης, -ες	Fahrradfahrer
κάνω ποδήλατο	Fahrrad fahren

Μάθημα 2

Πώς περάσατε;	Wie war's?

1

Από θαλασσινά, τι έχετε;	Was haben Sie an Fisch?
τα θαλασσινά *(Pl.)*	Meeresfrüchte
τα ορεκτικά *(Pl.)*	Vorspeisen
το ψάρι, -ια	Fisch
τα μαγειρευτά *(Pl.)*	*wörtl.: Gekochtes*
η τυροσαλάτα, -ες	*Schafskäsepaste*
το χταπόδι, -ια	Oktopus
το λουκάνικο, -α	Wurst
ο μεζές, -έδες	Appetithappen, Finger-Food
η ποικιλία, -ες	Auswahl, Vielfalt, Variation
η χωριάτικη (σαλάτα)	*griechischer Bauernsalat*
η ντοματοσαλάτα, -ες	Tomatensalat
τα χόρτα *(Pl.)*	Gemüse *(ähnlich Spinat)*
η (σαλάτα) του σεφ	Salat des Hauses
τα καλαμαράκια *(Pl.)*	Kalamares
ο γαύρος, -οι	Sardelle
το μπαρμπούνι, -ια	Meerbarbe
η μπριζόλα, -ες	Kotelett
χοιρινός, -ή, -ό	Schweine-; vom Schwein
το μπιφτέκι, -ια	Beefsteak, große Frikadelle
το σουβλάκι, -ια	Souvlaki
ο κεφτές, -έδες	Frikadelle
τα γεμιστά *(Pl.)*	*gefüllte Paprika, Tomaten o. ä.*
ο μουσακάς, -άδες	Mousaka
το ιμάμ μπαϊλντί	*Ofengericht mit Auberginen und Kartoffeln*
η μελιτζάνα, -ες	Aubergine
νόστιμος, -η, -ο	lecker
σαν	wie
βρ**άζω, -άσω**	kochen
η κατσαρόλα, -ες	Topf
κρύος, -α, -ο	kalt
το ξίδι	Essig
το τηγάνι, -ια	Pfanne
το πόδι, -ια	Bein, Fuß
στα κάρβουνα	auf dem Grill
το κάρβουνο, -α	Kohle
ζεστός, -ή, -ό	warm
η ρίγανη	Oregano

2

Θα μας φέρετε μία μερίδα;	Bringen Sie uns bitte eine Portion.
φέρνω, φέρω	bringen
η μερίδα, -ες	Portion
το καραφάκι, -ια	kleine Karaffe
η καράφα, -ες	Karaffe
οι πατάτες *(Pl.)*	Kartoffeln; *hier:* Pommes
αν γίνεται	wenn möglich, wenn's geht
γίνεται	es geht, passiert
χύμα *(unveränd.)*	lose; *(bei Wein)* offen *(Adv.)*
το λίτρο, -α	Liter
φτάνει	es reicht (aus)
Αυτά.	Das ist alles. / Das wär's.
έτοιμος, -η, -ο	bereit, fertig
το ποτό, -ά	Getränk
το λευκό κρασί	Weißwein
λευκός, -ή, -ό	weiß

3

ακόμη / ακόμα	noch
η χαρτοπετσέτα, -ες	Serviette
η οδοντογλυφίδα, -ες	Zahnstocher
το πιάτο, -α	Teller
το κουτάλι, -ια	Löffel
το κουταλάκι, -ια	Teelöffel
το μαχαίρι, -ια	Messer
το πιρούνι, -ια	Gabel
λείπει	es fehlt
λ**είπω, -είψω**	fehlen
Γεια μας! (Στην υγεία μας!)	Prost! (Auf unser Wohl!) *(zu mehreren Personen)*
Μήπως έχετε...;	Haben Sie vielleicht...?
μήπως	vielleicht *(nur in Fragen)*
ο κατάλογος, -οι	Speisekarte; Katalog

4

Διασκεδάσαμε όλη τη νύχτα.	Wir haben die ganze Nacht gefeiert.
όλη τη νύχτα	die ganze Nacht
λίγο πιο έξω από	etwas außerhalb von
έξω από	außerhalb von
τέλειος, -α, -ο	perfekt, super
το τσιφτετέλι, -ια	Bauchtanz
το τραπέζι, -ια	Tisch
στο τέλος	schließlich
το τέλος	Ende
κερ**νάω, -άσω**	(eine Runde) ausgeben
ο ταβερνιάρης, -ηδες	Tavernenbesitzer, Wirt
γνωρ**ίζω, -ίσω**	kennen, kennenlernen
Είναι πολύ καλοί.	Sie sind sehr nett.
όμως	jedoch; aber

5

το τσιγάρο, -α	Zigarette
Πλάκα μου κάνεις!	Das ist nicht dein Ernst!

Ακούω!	Ich höre! (Schieß los!)
ο αδερφούλης, -ηδες	Brüderchen
η μπιραρία, -ες	Bierkeller, -halle
ο πατατοκεφτές, -έδες	Kartoffelpuffer, Reibekuchen
το μους μήλου	Apfelmus
καπν**ίζω, -ίσω**	rauchen
η κουβέρτα, -ες	(Bett)Decke
Έχει / Είχε πλάκα!	Es ist / war lustig!
το σνίτσελ, - (Βιέννης)	(Wiener) Schnitzel
μέσα σε	in (drinnen)

6

πολύς, -λή, -ύ	viel
το μεσημεριανό	Mittagessen
το βραδινό	Abendessen
κάνει καλό	es tut gut
Σχολιάστε!	Kommentieren Sie!
Έχεις πλάκα!	Du bist lustig!
πολλές φορές	oft, oftmals
ακόμη και	sogar
το γλυκό, -ά	Süßspeise, Dessert
λίγος, -η, -ο	wenig

7

η ψησταριά, -ές	Grillrestaurant, Grill
το ταχυφαγείο, -α	Fast Food-Restaurant
το σουβλατζίδικο, -α	*Imbissbude, insbesondere mit Gegrilltem*
το μεζεδοπωλείο, -α	*Taverne spezialisiert auf Vorspeisen*
το ουζερί, -	*Bar, in der es auch Kleinigkeiten zu essen gibt*
η πιτσαρία, -ες	Pizzeria
εθνικός, -ή, -ό	national
κινέζικος, -η, -ο	chinesisch
μερικοί, -ές, -ά	einige
τα εκατό	Prozent
το τσοπ σούι	Chop Shui
η απόφαση, -(φά)σεις	Entschluss, Entscheidung
η επιλογή, -ές	Auswahl(möglichkeit)
ο ρόλος, -οι	Rolle
η παρέα, -ες	Freunde(skreis), «Gesellschaft»
τσιμπολογ**ώ, -ήσω**	etwas Kleines essen
αγαπημένος, -η, -ο	Lieblings-
παίρνω πακέτο	etwas «über die Straße», zum Mitnehmen kaufen
παντού	überall

Μάθημα 3

ψάχνω, -άξω	suchen

1

το βενζινάδικο, -α	Tankstelle
το ζαχαροπλαστείο, -α	Konditorei
το μαγαζί για ηλεκτρικά είδη	Elektrowarengeschäft
το μαγαζί, -ιά	Geschäft
τα ηλεκτρικά είδη *(Pl.)*	Elektrogeräte
ηλεκτρικός, -ή, -ό	elektrisch
το ταχυδρομείο, -α	Postamt
η τράπεζα, -ες	Bank
το φαρμακείο, -α	Apotheke
εδώ κοντά	hier in der Nähe

2

Πού μπορώ να βρω ασπιρίνες;	Wo kann ich Aspirin(tabletten) finden?
βρίσκω, βρω	finden
η ασπιρίνη, -ες	Aspirin
η κάρτα, -ες μνήμης	Speicherkarte
η φωτογραφική μηχανή, -ές	Fotoapparat
ο φάκελος, -οι	Umschlag
το γραμματόσημο, -α	Briefmarke
πουθενά	nirgendwo
μπορεί να έχει	vielleicht gibt es
μπορεί	vielleicht; es kann sein
ίσως	vielleicht *(in Aussagesätzen)*
ο μπακάλης, -ηδες	Gemischtwarenhändler
και οι / τα δύο	beide
το παιδικό βιβλίο	Kinderbuch
παιδικός, -ή, -ό	Kinder-
το γαλακτομπούρεκο, -α	*Süßspeise mit Blätterteig und Grießcreme*
η μπαταρία, -ες	Batterie; Akku
οι καραμέλες για το λαιμό	Halsbonbons
καραμέλα, -ες	Bonbon
ο λαιμός, -οί	Hals
η Κέρκυρα	Korfu
το ελληνογερμανικό λεξικό	griechisch-deutsches Wörterbuch
το λεξικό, -ά	Wörterbuch
η κάρτα, -ες SIM	SIM-Karte

3

Τι νούμερο φοράτε;	Welche Größe haben Sie?
το νούμερο, -α	Nummer; *hier:* Größe

φορ**άω, -έσω**	tragen
καφέ *(unveränd.)*	braun
το παπούτσι, -ια	Schuh
το τακούνι, -ια	Absatz; Pumps
η σαγιονάρα, -ες	Flipflop
το σανδάλι, -ια	Sandale; Sandalette
μαύρος, -η, -ο	schwarz
το μοντέλο, -α	Modell
το χρώμα, -ματα	Farbe
ο πωλητής, -ές	Verkäufer
η πωλήτρια, -ες	Verkäuferin
Θέλετε βοήθεια;	Brauchen Sie Hilfe?
η βοήθεια, -ες	Hilfe
υπάρχουν *(mit Nom.)*	es gibt; es existieren
Μισό λεπτό...	Einen Augenblick ...
το λεπτό, -ά	Minute
το ταμείο, -α	Kasse
η πελάτισσα, -ες	Kundin
δοκιμ**άζω, -άσω**	(an)probieren; versuchen
υπάρχει *(mit Nom.)*	es gibt; es existiert
σε καφέ	in braun
επάνω μου	an / auf mir
Μπορώ να σας βοηθήσω;	Kann ich Ihnen helfen?
βοηθ**άω, -ήσω**	helfen
διάφοροι, -ες, -α *(Pl.)*	verschiedene
για παράδειγμα	zum Beispiel
άνετος, -η, -ο	bequem
Τι σας λένε;	Was halten Sie davon?
όμορφος, -η, -ο	schön
η αποθήκη, -ες	Lager
σίγουρος, -η, -ο	sicher
δερμάτινος, -η, -ο	ledern; aus Leder
Σας πάει πάρα πολύ!	Es steht Ihnen sehr!
μου πάει / πάνε	es steht mir / sie stehen mir
Για να δω ένα λεπτάκι.	Einen Moment ... / Ich sehe mal kurz nach.
Περάστε στο ταμείο.	Gehen Sie bitte zur Kasse.
περ**νάω, -άσω** σε	hin- / durch- / vorbeigehen
από μοντέλα	an Modellen

4

αυτός ο, αυτή η, αυτό το	dieser, -e, -es
πληρ**ώνω, -ώσω**	(be)zahlen
η κλήση, -εις	Anruf
για όλες τις κλήσεις	für alle Anrufe
παίρνω κάτι δώρο	etwas geschenkt bekommen
ρεαλιστικός, -ή, -ό	realistisch
το μάτι, -ια	Auge
η έκπτωση, -(ώσ)εις	Sonderangebot; *(im Pl.)* Schlussverkauf
Θα βγείτε απ' τα ρούχα σας!	Sie werden aus der Haut fahren!
το ρούχο, -α	Kleidungsstück
η ποιότητα, -ες	Qualität
Θα μας γράψουν οι εφημερίδες.	Damit kommen wir in die Zeitung!
το παλτό, -ά	Mantel
ο Θεός	Gott
ο θεός, -οί	Gott, Götter
η θεά, -ές	Göttin
κρυ**ώνω, -ώσω**	frieren
τα δερμάτινα *(Pl.)*	Lederwaren
η γούνα, -ες	Pelzmantel, Pelz
η βίλα, -ες	Villa
πάντα	immer
τα λεφτά *(Pl.)*	Geld
στέλνω, στείλω	schicken

5

Ποιο να πάρω;	Welches soll ich kaufen?
η μπουτίκ, -	Boutique
η Πλάκα	Plaka *(Athener Altstadt)*
το παζάρι, -ια	Basar, Markt
το μπλουζάκι, -ια	T-Shirt
το παντελόνι, -ια	Hose
το εσώρουχο, -α	Unterwäsche
Τι να πω;	Was soll ich sagen?
μου αρέσει πιο πολύ από	es gefällt mir besser als
απλός, -ή, -ό	einfach, schlicht
τότε	dann, damals
από 'δω	von hier
Έλα μωρέ!	Na komm schon!
να μην πάρεις	kauf (lieber) nicht
μην	nicht *(Verneinungspartikel bei der Υποτακτική)*
η μάρκα, -ες	Marke
Καλά λες!	Du hast Recht!
τελικά	schließlich, letztendlich

6

Θα μου κάνεις μια καλύτερη τιμή;	Machst du mir einen besseren Preis?
καλύτερος, -η, -ο	besser
Με γεια σου / σας!	Viel Spaß damit! *(Wunsch, wenn jemand etwas Neues gekauft hat.)*
το ένα	pro Stück
όλα	alle

Είμαστε εντάξει.	Wir sind quitt! / Es ist in Ordnung!
βρε *(+ Name)*!	*informelle Anrede unter Freunden*

7

άσπρος, -η, -ο	weiß
η κάλτσα, -ες	Strumpf, Socke
η γραβάτα, -ες	Krawatte
το παντελόνι, -ια τζιν	Jeans(hose)
πορτοκαλί *(unveränd.)*	orange
το πουλόβερ, -	Pullover
η μπλούζα, -ες	Bluse, Sweatshirt
η ρίγα, -ες	Streifen
το φόρεμα, -(ρέ)ματα	Kleid
το μαγιό, -	Badehose; Badeanzug
ροζ *(unveränd.)*	rosa
το πουκάμισο, -α	Hemd
η φούστα, -ες	Rock
καρό *(unveränd.)*	kariert
το καπέλο, -α	Hut

8

το κείμενο, -α	Text
γυναικείος, -α, -ο	Frauen-, weiblich
η μόδα, -ες	Mode
η στολή, -ές	Tracht
ο τσολιάς, -άδες	*Mann in gr. Nationaltracht*
ο Εύζωνος, -οι	*gr. Leibgarde vor dem Parlament*
το Σύνταγμα	*Parlamentsgebäude in Athen*
όλος ο κόσμος	die ganze Welt, jeder
τουριστικός, -ή, -ό	touristisch
η σόλα, -ες	Sohle
η φούντα, -ες	Bommel
χαρακτηριστικός, -ή, -ό	charakteristisch
το φάριο	*spezieller Trachtenhut*
θυμ**ίζω, -ίσω**	erinnern
το φέσι, -ια	*orientalische Kopfbedeckung in Kegelform*
η σημαία, -ες	Fahne, Flagge
η φουστανέλα, -ες	*Trachtenrock für Männer*
όπως λένε	wie man sagt, der Überlieferung nach
η δίπλα, -ες	Falte *(bei Kleidung)*
συμβολ**ίζω, -ίσω**	symbolisieren
η Τουρκοκρατία	*Türkenherrschaft*
από κάτω	darunter, unterhalb
μάλλινος, -η, -ο	aus Wolle
χειμώνα καλοκαίρι	Sommer wie Winter
από πάνω	darüber, oberhalb
η φερμέλη, -ες	*spezielle Trachtenweste*
το γιλέκο, -α	Weste
το σχέδιο, -α	Muster
χρυσός, -ή, -ό	golden, aus Gold

Μάθημα 4

ήρθα *(von έρχομαι)*	ich bin gekommen

1

γεννήθηκα	ich bin geboren
χωρ**ίζω, -ίσω** με	sich trennen von
γεννήθηκε	er / sie / es ist geboren
πήγε *(von πάω)*	er / sie / es ist gegangen
το σχολείο, -α	Schule
πέθανε *(von πεθαίνω)*	er / sie / es ist gestorben
πεθ**αίνω, -άνω**	sterben
μεγαλ**ώνω, -ώσω**	(auf)wachsen
παντρεύτηκε	er / sie hat geheiratet
παντρ**εύομαι, -ευτώ**	heiraten
πρώτα	zuerst
ύστερα	dann, danach
για πρώτη φορά	zum ersten Mal
η Στουτγκάρδη	Stuttgart
το Λονδίνο	London
για τρία χρόνια	drei Jahre lang
πίσω σε	zurück nach

2

ευχαριστ**ώ, -ήσω**	danken
φιλοσοφικός, -ή, -ό	philosophisch
ο σύλλογος, -οι	Verein
το καλωσόρισμα, -(ίσ)ματα	Begrüßung, Willkommensworte
ο πρόεδρος, -οι	(Vereins)Präsident
η διάλεξη, -(λέξ)εις	Vortrag
ο εργάτης, -ες	Arbeiter
ο φιλόσοφος, -οι	Philosoph
το σπαγκάτο	Spagat
ανάμεσα σε	zwischen
ακαδημαϊκός, -ή, -ό	akademisch
η ζωή, -ές	Leben
η συζήτηση, -(τή)σεις	Diskussion; Unterhaltung
ο λόγος	Rede
ο αποχαιρετισμός, -οί	Abschied; Verabschiedung
το μπουφέ, -	Buffet
πήρε *(von παίρνω)*	er / sie / es hat genommen
παίρνω την απόφαση	einen Entschluss fassen
η απόφαση, -(φά)σεις	Entschluss, Entscheidung
ήρθε *(von έρχομαι)*	er / sie ist gekommen

ως εργάτης	als Arbeiter
ως	als *(dt. Präposition)*
ήθελε *(von θέλω)*	er / sie / es wollte
οι σπουδές *(Pl.)*	(Universitäts)Studium
βρήκε *(von βρίσκω)*	er / sie / es hat gefunden
ο μάγειρας, -ες	Koch
είπε *(von λέω)*	er / sie / es hat gesagt
είδαν *(von βλέπω)*	sie haben gesehen
ξεχ**νάω, -άσω**	vergessen
Συγχαρητήρια!	(Herzlichen) Glückwunsch!
τα συγχαρητήρια *(Pl.)*	Glückwunsch
εύχ**ομαι, -ηθώ**	wünschen
Καλώς ήρθατε!	Herzlich Willkommen! *(zu mehreren Personen)*
Κυρίες και κύριοι	Meine Damen und Herren
Καλώς ορίσατε!	Herzlich Willkommen! *(zu mehreren Personen)*
για όλα αυτά	für alles das
παλιά	früher (in der Vergangenheit)

3

το βιογραφικό, -ά	Lebenslauf
ο / η μηχανικός αυτοκινήτων	Automechaniker/in
ο / η μηχανικός, -οί	Mechaniker/in
ο κομμωτής, -ές	Friseur
η κομμώτρια, -ες	Friseurin
ο / η τραπεζικός υπάλληλος	Bankangestellte/r
τραπεζικός, -ή, -ό	Bank-
ο / η υπάλληλος, -οι	Angestellte/r
ο μεταφραστής, -ές	Übersetzer
η μεταφράστρια, -ες	Übersetzerin
η μαγείρισσα, -ες	Köchin
ξέρω από	etwas verstehen von, Bescheid wissen über
το δίπλωμα, -(πλώ)ματα (αυτοκινήτου)	Führerschein
το κομπιούτερ, -	Computer
έχω να κάνω με	zu tun haben mit
ζητείται	gesucht *(Wendung im Anzeigenteil; wörtl.: es wird gesucht)*
καλοκαιρινός, -ή, -ό	Sommer-; sommerlich
η σεζόν, -	Saison
το σέρβις, -	Service
η περίοδος, -οι	Saison; Zeitabschnitt; Periode
η εμπειρία, -ες	Erfahrung
κρητικός, -ή, -ό	Kretisch; aus Kreta
τουριστικός, -ή, -ό	touristisch
επιθυμητή γνώση δύο γλωσσών	Kenntnisse in zwei Sprachen erwünscht
επιθυμητός, -ή, -ό	erwünscht
γνώση, -εις	Kenntnis
η ρεσεψιόν, -	Rezeption
ο ηλεκτρονικός, -οί υπολογιστής, -ές (Η/Υ)	Computer (PC)
πρόσφατος, -η, -ο	jüngst, aktuell
το Παρίσι	Paris
η πρακτική άσκηση	Praktikum
πρακτικός, -ή, -ό	praktisch
η άσκηση, -(κήσ)εις	Übung
ενδιαφέρ**ομαι, -θώ**	sich interessieren

4

Εδώ κοιμούνται νωρίς.	Hier geht man früh ins Bett.
κοιμ**άμαι, -ηθώ**	(ein)schlafen
αργότερα	später *(Adv.)*
αφήνω μήνυμα	eine Nachricht hinterlassen
αφ**ήνω, -ήσω**	(hinter)lassen
ρωτ**άω, -ήσω**	fragen
φοβ**άμαι, -ηθώ**	(be)fürchten, Angst haben
θυμ**άμαι, -ηθώ**	sich erinnern an
ξανα-	wieder, erneut *(+ Verb)*
Μη φοβάστε!	Keine Angst! *(per Sie)*
κλ**είνω, -είσω** (ένα δωμάτιο)	(ein Zimmer) reservieren

5

η πατρίδα, -ες	Heimat
η πολιτική	Politik
η οικονομία, -ες	Ökonomie, Wirtschaft
η σύμβαση, -(άσ)εις	Abkommen, Vertrag
το τρένο, -α	Zug
ο, η, το ίδιος, -α, -ο	der, die, das gleiche
μάλλον	wahrscheinlich, *hier:* besser gesagt
ο πολίτης, -ες	Bürger
η καταγωγή, -ές	Abstammung, Herkunft
το διαβατήριο, -α	Pass
τώρα πια	inzwischen
κάνω παιδιά	Kinder bekommen
ο ξένος, -οι	Fremder, Ausländer
ξαναγυρ**ίζω, -ίσω**	(wieder) zurückkehren
αλλά	sondern
πηγαίνω, πάω	gehen

Παιχνίδι 1

προχωρ**ώ, -ήσω** vorwärts gehen
παραπέρα weiter
ο κύκλος, -οι Kreis
πιασμένος, -η, -ο besetzt

Μάθημα 5

1

η πρόσκληση, -(ήσ)εις Einladung
τα εγκαίνια *(Pl.)* Einweihungsfeier
ο γάμος, -οι Hochzeit
η βάφτιση, -(ήσ)εις Taufe
προσκαλ**ώ, -έσω** einladen
η χαρά, -ές Freude
ο Ιερός Ναός Heiliger Tempel; Kirche
ιερός, -ή, -ό heilig
ο ναός, -οί Tempel, Kirche
η νονά, -ές Patentante
ο νονός, -οί Patenonkel
το δεξί das rechte (*hier:* der rechte Fuß)
καινούριος, -α, -ο neu
οι γνωστοί *(Pl.)* die Bekannten; *hier:* die Üblichen
γνωστός, -ή, -ό bekannt
όπως wie
θα χαρώ ich freue mich (*wörtl.*: ich werde mich freuen)
Ήρθε η ώρα... Es ist so weit ...
η Παναγία Mutter Gottes
ο κουμπάρος, -οι Trauzeuge
η κουμπάρα, -ες Trauzeugin
το μυστήριο, -α Mysterium; *hier:* Zeremonie
προαιρετικός, -ή, -ό freiwillig
η λίστα γάμου Hochzeitsliste
το πολυκατάστημα, -(στή)ματα Kaufhaus
το γράμμα, -ματα Brief
Πάρε! Nimm!
παίρνω, πάρω nehmen, abholen
η ξαδέρφη, -ες Cousine
φιλοξεν**ώ, -ήσω** zu Gast haben
φυσικά και aber natürlich
φτ**άνω, -άσω** ankommen
ο, η, το ίδιος, -α, -ο der, die, das gleiche
ευχαρίστως gerne
(δεν) χρειάζεται es ist (nicht) nötig
απαντ**άω, -ήσω** antworten
γρήγορος, -η, -ο schnell
φιλικός, -ή, -ό freundlich, freundschaftlich
επίσημος, -η, -ο offiziell

2

το κουφέτο, -α Mandelbonbon *(speziell für Hochzeit und Taufe)*
η λαμπάδα, -ες (Hochzeits-) / (Tauf-)Kerze
το δαχτυλίδι, -ια Ring
το μπουκέτο, -α Blumenstrauß
τα στέφανα *(Pl.)* Hochzeitskränze
ο γαμπρός, -οί Bräutigam
χαρ**ίζω, -ίσω** (ver)schenken
ο καλεσμένος, -οι Gast
η νύφη, -ες Braut
παίρνω, πάρω (δώρο) (ein Geschenk) kaufen

3

οι συγγενείς *(Pl.)* Verwandte
Δεν έχω ιδέα! Ich habe keine Ahnung!
Όλα καλά; Wie geht's? / Alles klar?
πάω δώρο ein Geschenk mitbringen
ο θείος, -οι Onkel
τα ξαδέρφια Cousins und Cousinen
η πρόσκληση λέει es steht auf der Einladung
δεν μου λες... sag mal...
κάνω δώρο schenken
με άδεια χέρια mit leeren Händen
άδειος, -α, -ο leer
το χέρι, -ια Hand, Arm
η συμβουλή, -ές Rat, Ratschlag
Τίποτα! *hier:* nichts zu danken
Καλά να περάσεις! Viel Spaß!

4

Να ζήσετε! Lang sollt ihr leben! *(Glückwunsch bei Hochzeiten)*
το άρθρο, -α Artikel
ο / η πρώην der / die Ex
Σήμερα γάμος γίνεται... Heute findet eine Hochzeit statt ...
δείχνω, -είξω zeigen
ο χαρακτήρας, -ες Charakter
προηγούμενος, -η, -ο vorhergehend
τυπικός, -ή, -ό förmlich; typisch
η ευχή, -ές (Glück)Wunsch
η τελετή, -ές Zeremonie
κόβω, -όψω schneiden
η τούρτα, -ες Torte
ρίχνω, -ίξω werfen
αντί για anstatt
το ρύζι, -ια Reis

5

η φιλοξενία	Gastfreundschaft
η βαλίτσα, -ες	Koffer
η βυσσινάδα, -ες	Sauerkirschsaft
Στην υγειά σου!	Zum Wohl! *(an eine Person gerichtet)*
η υγεία	Gesundheit
Από 'δω ο / η...	Das ist ... *(bei der Vorstellung einer anderen Person)*
Καλώς ήρθες! / Καλώς ήρθατε!	Herzlich Willkommen!
Καλώς σας βρήκα! / Καλώς σας βρήκαμε!	*Antwort auf „Herzlich Willkommen"*
Περάστε μέσα!	Kommt herein!
κάτω	runter, unten
το τσουρέκι, -ια	*Hefezopf*
για πες	sag mal
για *(mit Imperativ)*	mal *(Modalpartikel)*
τόσος, -η, -ο	so sehr, so viel
το πράγμα, -ματα	Sache; Ding
Καλέ!	*wörtl.*: Gute/r! *(freundschaftliche Anrede)*
Δεν ήταν ανάγκη!	Das war doch nicht nötig!
η ανάγκη, -ες	Notwendigkeit; Bedürfnis
κοιτ**ά(ζ)ω, -άξω**	ansehen, anschauen

6

η ραδιοφωνική εκπομπή, -ές	Radiosendung
ο παπάς, -άδες	orthodoxer Priester, Pope
ο πολιτισμός, -οί	Kultur, Zivilisation
Γεια στα χέρια σου!	Deine Hände mögen gesund bleiben! *(Segensspruch für die Köchin / den Koch)*
Και στα δικά σου!	Auch dir! *(Glückwunsch für Ledige auf einer Hochzeit)*
Να σας ζήσει!	Es soll euch lange leben! *(Segensspruch an die Eltern auf einer Taufe)*
Να τα εκατοστίσεις!	Du sollst hundert Jahre alt werden! *(Glückwunsch zum Geburtstag)*
Να τον / την χαίρεσαι!	Du sollst Freude an ihm / ihr haben! *(Glückwunsch an die Angehörigen beim Namenstag / Geburtstag)*
Πάντα άξιος, -α!	Stets würdig! *(Glückwunsch an die Paten bzw. Trauzeugen)*
η ονομαστική γιορτή	Namenstag
το φυλλάδιο, -α	Prospekt
γλεντ**άω, -ήσω**	feiern

7

το περιβόλι, -ια	Garten
αποχωρ**ίζομαι, -ιστώ**	sich trennen, auseinandergehen
η μάνα, -ες / -άδες	Mutter
μαλ**ώνω, -ώσω**	(aus)schimpfen
ο βασιλικός, -οί	Basilikum
η γη	Erde
καμαρ**ώνω, -ώσω**	bewundern
τραγουδ**άω, -ήσω**	singen
το έθιμο, -α	Brauch

Μάθημα 6

Περαστικά!	Gute Besserung!

1

η κόρη, -ες	Kore *(antike Skulptur einer weiblichen Figur mit Gewand)*
το αυτί, -ιά	Ohr
το κεφάλι, -ια	Kopf
η κοιλιά, -ές	Bauch
τα μαλλιά *(Pl.)*	Haare
η μύτη, -ες	Nase
το στήθος, -η	Brust
το στόμα, -ματα	Mund
το στομάχι, -ια	Magen
Νάτος! / Νάτη! / Νάτο!	Da ist er / sie / es!
ο καλλιτέχνης, -ες	Künstler
το άγαλμα, -(άλ)ματα	Statue
ο τύπος	Typ, Stil
δεξιός, -ιά, -ί	rechter, -e, -es
αριστερός, -ή, -ό	linker, -e, -es

2

ο πιο μικρός	der jüngste
πιο	*Steigerungspartikel*
το αγόρι, -ια	Junge
πιο μεγάλη από	älter als
τόσο ψηλός όσο	so groß wie
ψηλός, -ή, -ό *(auch:* υψηλός)	groß, hoch
παχουλός, -ή, -ό	pummelig
λεπτός, -ή, -ό	dünn, fein
κοντός, -ή, -ό	klein, kurz

3

που	der, die, das etc. *(Relativpronomen)*
το γράμμα, -ματα	Buchstabe
Τι έγινε;	Was ist los? / Was ist passiert?
η πετσέτα, -ες	Handtuch
η βάρκα, -ες	Boot, Schiff
τόπλες	«oben ohne», topless (*wörtl.:* ohne top)
μικρούλης, -α, **-ικο**	der / die Kleine; winzig
κλ**αίω, -άψω**	weinen
ο βράχος, τα βράχια	Felsen
η εικόνα, -ες	Bild

4

άρρωστος, -η, -ο	krank
Πονάει η μέση της.	Ihr tut der Rücken weh.
πον**άω, -έσω**	weh tun
η μέση	Kreuz; *auch:* Taille, Mitte
ο πονοκέφαλος, -οι	Kopfschmerzen
πατ**άω, -ήσω**	treten; drücken
ο αχινός, -οί	Seeigel
το δόντι, -ια	Zahn
έχω αναγούλες	mir ist übel
έγκυος *(unveränd.)*	schwanger
κρυωμένος, -η, -ο	erkältet
ο πυρετός	Fieber
η διάρροια	Durchfall
η θερμοκρασία, -ες	Temperatur
το τσίμπημα, -(μπή)ματα	Stich
η κιθάρα, -ες	Gitarre
εδώ και	seit
κάθε φορά που	immer wenn
το χάπι, -ια	Tablette
ο πόνος, -οι	Schmerz
σταματ**άω, -ήσω**	aufhören
με τίποτα	auf keinen Fall
μάλλον	wohl; eher
η φυσιοθεραπεύτρια, -ες	Physiotherapeutin
ο φυσιοθεραπευτής, -ές	Physiotherapeut
επικίνδυνος, -η, -ο	gefährlich
Τι να τον κάνω;	Was soll ich mit ihm machen?
Κρίμα	*Ausdruck des Bedauerns*
τον / το καημένο / την καημένη!	*ähnlich:* Ach der / die Ärmste!
καημένος, -η, -ο	arm, bedauernswert
χοντρός, -ή, -ό	dick
ζαλίζ**ομαι, -ιστώ**	mir ist schwindelig
αλλεργικός, -ή, -ό	allergisch
το σοκ, -	Schock
έντονος, -η, -ο	stark, intensiv
για καλό και για κακό	für alle Fälle
Καλά θα κάνεις.	Gut so! / Du tust gut daran.
ή... ή	entweder ... oder
οπωσδήποτε	auf jeden Fall
η μέλισσα, -ες	Biene
η ηλίαση	Sonnenstich
από	seit
Παναγία μου!	Ach du meine Güte! (*wörtl.:* Meine Mutter Gottes!)
Δεν είσαι καλά!	Dir geht's wohl nicht gut!
ούτε... ούτε	weder ... noch
το υπόθετο, -α	Zäpfchen
το αντιβιοτικό, -ά	Antibiotikum

5

η αλοιφή, -ές	Salbe
το ποδαράκι, -ια	Beinchen, Füßchen
ντρέπομαι, **ντραπώ**	sich schämen
το αγκάθι, -ια	Stachel; Dorn
τραβ**άω, -ήξω**	ziehen
αμέσως	sofort
παιδικός, -ή, -ό	Kinder-
παυσίπονος, -η, -ο	schmerzlindernd
μέχρι και	bis zu
βάζω, βάλω	*hier:* auftragen
πρωί και βράδυ	morgens und abends
καλύτερα	besser *(Adv.)*
φαρμακοποιός, -οί	Apotheker

6

νι**ώθω, -ώσω**	sich fühlen, spüren
το κοκορέτσι, -ια	Kokoretsi *(Grillspezialität aus klein geschnittenen Lammdärmen)*
μαζί του	mit ihm
ο γενικός ιατρός	Allgemeinarzt
οι ώρες ιατρείου *(Pl.)*	Sprechstunden(zeiten)
η φυσιοθεραπεία, -ες	Physiotherapie
κινέζικος, -η, -ο	chinesisch
η ιατρική	Medizin (Fach, Disziplin)
ο / η οδοντίατρος, -οι	Zahnarzt
τελευταίος, -α, -ο	letzter, -e, -es
η μετάφραση, -(φράσ)εις	Übersetzung
το σύμπτωμα, -(ώμ)ατα	Symptom

7

το βότανο, -α	(Heil)Kraut
η παράδοση, -(όσ)εις	Tradition
ο βήχας	Husten
το κρυολόγημα, -(γή)ματα	Erkältung
παντού	überall
το φάρμακο, -α	Medikament, Arznei
το ελαιόλαδο, -α	Olivenöl
ανθ**ίζω, -ίσω**	blühen
ήδη	schon, bereits
το γλυκάνισο	Anis
το άρωμα, -(ρώ)ματα	Aroma
η πέψη, -εις	Verdauung
το τσάι του βουνού	Bergtee
ιδανικός, -ή, -ό	ideal, geeignet
το δεντρολίβανο	Rosmarin
κρατάω ξύπνιο	wach halten
ξύπνιος, -α, -ο	wach
η συγκέντρωση	Konzentration
εκτός από	außer
το δέρμα, -ματα	Haut
το βάλσαμο	Balsam
το τραύμα, -ματα	Verletzung, Trauma
το θυμάρι	Thymian
η λεβάντα	Lavendel
φυσικός, -ή, -ό	natürlich, Natur-
η γρίπη	Grippe
θεραπ**εύω, -εύσω**	heilen
το άσθμα	Asthma
το άγχος	Stress
ο ύπνος	Schlaf
η αϋπνία, -ες	Schlaflosigkeit

Μάθημα 7

ενοικιάζεται...	... zu vermieten (*wörtl.*: wird vermietet)

1

η γκαρσονιέρα, -ες	Ein-Zimmer-Appartement
η θέα	Aus(Sicht)
το διαμέρισμα, -(ίσ)ματα	Wohnung
η πολυκατοικία, -ες	Mehrfamilienhaus
το εξοχικό, -ά (σπίτι, -ια)	Landhaus
ο κήπος, -οι	Garten
η μονοκατοικία, -ες	Einfamilienhaus
νοικι**άζω, -άσω**	mieten
ο, η, το δικός, -ή, -ό (μου)	meiner, meine, meines
το ενοίκιο, -α	Miete

2

δύσκολος, -η, -ο	schwierig
κανένας, καμία, κανένα	(irgend)ein *(in Fragen)*, kein *(in verneinten Aussagen)*
κανείς (*Akk.* κανέναν)	(irgend)jemand *(in Fragen)*, niemand *(in verneinten Aussagen)*
το διαδίκτυο	Internet
χρει**άζομαι, -αστώ**	brauchen
οικονομικός, -ή, -ό	günstig, preiswert
κάποιος	(irgend)jemand *(in bejahten Aussagen)*
ο φοιτητής, -ές	Student
Σωστά!	Richtig! (Das) Stimmt!
η (μικρή, -ες) αγγελία, -ες	(Klein)Anzeige
η προσφορά, -ές	Angebot
βρίσκομαι, **βρεθώ**	sich befinden
η ιστοσελίδα, -ες	Webseite, Homepage
η σελίδα, -ες	Seite
δίνω, δώσω	*hier:* eingeben
κάποιος, -α, -ο	irgendein/e *(in bejahten Aussagen)*
η ανταλλαγή, -ές	Austausch
ο γείτονας, -ες	Nachbar
επιπλωμένος, -η, -ο	möbliert
το μεσιτικό γραφείο	Maklerbüro
μεσιτικός, -ή, -ό	Makler-

3

το 2άρι (δυάρι)	Zwei-Zimmer-Wohnung
τα τ.μ. (τετραγωνικά μέτρα)	m^2 (Quadratmeter)
5ος (πέμπτος, -η, -ο)	5. (fünfter, -e, -es)
ο όροφος, -οι	Stockwerk
δεύτερος, -η, -ο	zweiter, -e, -es
τρίτος, -η, -ο	dritter, -e, -es
τέταρτος, -η, -ο	vierter, -e, -es
έκτος, -η, -ο	sechster, -e, -es
έβδομος, -η, -ο	siebter, -e, -es
όγδοος, -η, -ο	achter, -e, -es
ένατος, -η, -ο	neunter, -e, -es
δέκατος, -η, -ο	zehnter, -e, -es
έξτρα *(unveränd.)*	extra
η πληροφορία, -ες	Information
η υπενοικίαση, -(άσ)εις	Untervermietung, Untermiete

μοντέρνος, -α, -ο	modern
το ασανσέρ, -	Aufzug, Lift
ιδανικός, -ή, -ό	ideal, geeignet
η φοιτήτρια, -ες	Studentin
το υπνοδωμάτιο, -ια	Schlafzimmer
η τραπεζαρία, -ες	Esszimmer
το γκαράζ, -	Garage
ήσυχος, -η, -ο	ruhig
για όλο το καλοκαίρι	den ganzen Sommer lang
φωτεινός, -ή, -ό	hell, lichtdurchflutet
το 3άρι (τριάρι)	Drei-Zimmer-Wohnung
τα κοινόχρηστα *(Pl.)*	Gemeinkosten
το πετρέλαιο	Benzin, Heizöl
πωλείται...	... zu verkaufen (*wörtl.*: wird verkauft)
η σαλοκουζίνα, -ες	Wohnküche
το τζάκι, -ια	offener Kamin
το υπόγειο, -α	Keller, Untergeschoss
η βεράντα, -ες	Veranda
πανέμορφος, -η, -ο	wunderschön
το εκατομμύριο, -α	Million
ενδιαφέρει	er / sie / es interessiert
το ακίνητο, -α	Immobilie
Επικοινωνήστε!	Nehmen Sie Kontakt auf!
μέσω (από)	mittels
παρακάτω *(Adv.)*	untenstehend
το έντυπο, -α	Formular
το πάρκινγκ, -	Parkplatz
ανταλλ**άσσω, -άξω**	austauschen

4

το κομοδίνο, -α	Nachttisch
πάνω σε / από	auf / über
το μαξιλάρι, -ια	Kissen
η ντουλάπα, -ες	(Kleider)Schrank
η καρέκλα, -ες	Stuhl
το ντουλάπι, -ια	Schrank
η ηλεκτρική κουζίνα	Küchenherd
το ψυγείο, -α	Kühlschrank
το παράθυρο, -α	Fenster
η πορτοκαλιά, -ές	Orangenbaum
το γραφείο, -α	Schreibtisch
κάτω από	unter
ο καναπές, -έδες	Sofa
η γωνία, -ες	Ecke
η γλάστρα, -ες	Blumentopf
το φυτό, -ά	Pflanze
η πολυθρόνα, -ες	Sessel
η μπανιέρα, -ες	Badewanne
η βρύση, -ες	Wasserhahn
το πλυντήριο, -α	Waschmaschine

5

απαγορεύεται	es ist verboten
το κάπνισμα	Rauchen
η εξώπορτα, -ες	Eingangstür
η πόρτα, -ες	Tür
το κουδούνι, -α	Klingel
το παρκάρισμα	Parken
το καλοριφέρ, -	Heizung
ο θερμοσίφωνας, -ες	Boiler, Heißwasserspeicher
η γειτόνισσα, -ες	Nachbarin
Πώς είσαι;	Wie geht's (dir)?
Μίλα μου στον ενικό.	Wollen wir nicht „du" sagen? (*wörtl.*: Sprich mich in der Einzahl an.)
στον ενικό	per du
ο ενικός	Einzahl
προσ**έχω, -έξω**	achtgeben, aufpassen
η σκάλα, -ες	Treppe
ούτε	auch nicht
Μην ανησυχείς.	(Mach dir) Keine Sorgen.
χαλασμένος, -η, -ο	kaputt
επάνω	oben
αν**άβω, -άψω**	anschalten, anmachen, anzünden

6

επιτρέπεται	es ist erlaubt
ενημερ**ώνω, -ώσω**	informieren
εξάλλου	außerdem
τα σκουπίδια *(Pl.)*	Müll
ο διάδρομος, -οι	Korridor, Flur
περισσότερος, -η, -ο	mehr
ο διαχειριστής, -ές	Hausverwalter
τηλεφωνικά	telefonisch *(Adv.)*
τηλεφωνικός, -ή, -ό	telefonisch
προσωπικά	persönlich *(Adv.)*
προσωπικός, -ή, -ό	persönlich
Με εκτίμηση	Mit freundlichen Grüßen (*wörtl.*: Mit Achtung)

7

το κλίμα	Klima
η αρχιτεκτονική	Architektur
η ζέστη	Hitze
η διαφορά, -ές	Unterschied
Ας πάρουμε	Nehmen wir einmal ...
ας	Lass/t uns ... *(Partikel bei Aufforderungen)*
το πάτωμα, -(τώ)ματα	Fußboden
το μάρμαρο, -α	Marmor
το πλακάκι, -ια	Fließe
καθαρ**ίζω, -ίσω**	sauber machen, putzen

εύκολα	einfach *(Adv.)*
δροσερός, -ή, -ό	frisch, (angenehm) kühl
κάνει ζέστη	es ist heiß
τα υπέρ *(Pl.)*	Vorteile
τα κατά *(Pl.)*	Nachteile
η θέρμανση	Heizung
λειτουργεί	funktioniert, ist in Betrieb
φοβερός, -ή, -ό	schrecklich, ungeheuer
ο ήλιος	Sonne
η λύση, -εις	Lösung
αντανακλ**ώ, -άσω**	reflektieren
το παντζούρι, -ια	Fensterladen
πέφτει ο ήλιος	die Sonne geht unter
πέφτω, πέσω	fallen
απολαμβάνω, απολαύσω	genießen
το αεράκι	Brise (Lüftchen)
ο αέρας	Wind, Luft
η μπαλκονόπορτα, -ες	Balkontür
γυρ**ίζω, -ίσω**	*hier:* drehen
προς τα μέσα / τα έξω	nach innen / außen
μερικοί, -ές, -ά	einige

Μάθημα 8

1

συζητ**άω, -ήσω**	besprechen, diskutieren
πηγαίνω, πάω	gehen
με όλη την οικογένεια	mit der ganzen Familie
κάπου κάπου	ab und zu, manchmal
μόνος μου / μόνη μου	(ich) allein
ο σκύλος, -οι	Hund
μαζί τους	mit ihnen
τα άστρα *(Pl.)*	Sterne
πολιτικός, -ή, ό	politisch
ο ελεύθερος χρόνος	Freizeit
η φύση	Natur
με παρέα	mit anderen, in Gesellschaft
η παρέα, -ες	Freunde(skreis), «Gesell-schaft»

2

ο ζωγράφος, -οι	Maler, Zeichner
η ελευθερία, -ες	Freiheit
το επάγγελμα, -(έλ)ματα	Beruf
τραγουδ**άω, -ήσω**	singen
ξύλινος, -η, -ο	hölzern, aus Holz
το ανθρωπάκι, -ια	Menschlein, Männlein
ο άνθρωπος, -οι	Mensch
σημαίνει	es bedeutet
η καθημερινή ζωή	Alltag
καθημερινός, -ή, -ό	alltäglich
ο ρόλος, -οι	Rolle
αρκετός, -ή, -ό	genug, ausreichend
το χόμπι, -	Hobby
σημαντικός, -ή, -ό	wichtig
το στρες	Stress
μεταφρ**άζω, -άσω**	übersetzen
κυρίως	hauptsächlich, vor allem
το κείμενο, -α	Text
οικολογικός, -ή, -ό	ökologisch
το κλίμα	Klima
χαλαρ**ώνω, -ώσω**	(sich) entspannen, „relaxen"
κάθομαι σπίτι	zuhause bleiben
ηλιακός, -ή, -ό	solar, Sonnen-
η ενέργεια, -ες	Energie
το πιάνο, -α	Klavier
το βιολί, -ιά	Violine, Geige
το μαντολίνο, -α	Mandoline
γι' αυτό	deshalb, darum
προσπαθ**ώ, -ήσω**	versuchen, probieren
η συναυλία, -ες	Konzert
ο τραγουδιστής, -ές	Sänger
ζωγραφ**ίζω, -ίσω**	zeichnen
η έκθεση, -(έσ)εις	Ausstellung
ο Ολλανδός, -οί	Holländer, Niederländer

3

διπλός, -ή, -ό	doppelt
κάνω κλικ σε	anklicken
το κλικ, -	Klick
εκτυπ**ώνω, -ώσω**	drucken
η σύνταξη	*hier (im E-Mailprogramm):* Verfassen
το αρχείο, -α	Datei
η επισύναψη	*hier:* Anhängen
η αποθήκευση	*hier:* Speichern
η αποστολή	*hier:* Senden
η διαμόρφωση σελίδας	*hier:* Seite einrichten
η εκτύπωση	*hier:* Drucken
το κλείσιμο	*hier:* Schließen
η ασφάλεια, -ες	Sicherheit
το λινκ, -	Link
σερφ**άρω, -άρω**	surfen
χρησιμοποι**ώ, -ήσω**	(be)nutzen
για να	um ... zu, damit
οι ειδήσεις *(Pl.)*	Nachrichten
ο καιρός, -οί	Wetter, Zeit
επικοινων**ώ, -ήσω**	kommunizieren
οργαν**ώνω, -ώσω**	organisieren

4

αγρο-	agro-
η κίνηση, -(ήσ)εις	Bewegung
ο αθλητισμός	Sport
διαφορετικά	anders *(Adv.)*
διαφορετικός, -ή, -ό	anders(artig), unterschiedlich
τα καλά *(Pl.)*	das Gute
αγροτικός ξενώνας	Bauernhof-Hotel
ο ξενώνας, -ες	Gasthaus
ζητ**άω, -ήσω**	suchen (nach), erwarten, bitten (um), verlangen
από 'δω και πέρα	von jetzt an
αλλού	anderswo
απολαμβάνω, **απολαύσω**	genießen
βιολογικός, -ή, -ό	biologisch
το προϊόν, -τα	Produkt
ντόπιος, -α, -ο	einheimisch, «von hier»
υγιεινός, -ή, -ό	gesund
η περιοχή, -ές	Gebiet, Umgebung, Bereich
γελ**άω, -άσω**	lachen
το μίνι γκολφ	Minigolf
το γήπεδο, -α	Gelände, Sportplatz
η ιππασία	Reiten
το πόνι, -	Pony
το άλογο, -α	Pferd
το δέντρο, -α	Baum
καθαρός, -ή, -ό	sauber, frisch
ο αέρας	Wind, Luft
η χαλάρωση	Entspannung, Relax
η συνέντευξη, -(εύξ)εις	Interview
η ιδιοκτήτρια, -ες	Besitzerin
αθλητικός, -ή, -ό	sportlich
το χιούμορ	Humor
κοινωνικός, -ή, -ό	sozial, gesellig
περνάω την ώρα μου	(seine) Zeit verbringen
η σπεσιαλιτέ, -	Spezialitäten
το έθιμο, -α	Sitte, Brauch
το σώμα, -ματα	Körper
η ψυχή, -ές	Psyche, Seele

5

το ζώο, -α	Tier
χάνω, χάσω	verlieren
το κατσικάκι, -ια	Zicklein
η κατσίκα, -ες	Ziege
στη μέση του πουθενά	mitten im Nichts
η ανάμνηση, -(ήσ)εις	Erinnerung
διαβ**άζω, -άσω**	lernen
κάνω τα μαθήματά μου	Hausaufgaben machen
γρήγορα	schnell *(Adv.)*
το κτήμα, -ματα	Grundstück, Landgut
παντού	überall
προσφ**έρω, -έρω**	anbieten
ξαναγυρ**ίζω, -ίσω**	zurückkehren
αλλάζω γνώμη	seine Meinung ändern
η γνώμη, -ες	Meinung
ζω, -ήσω	leben
το εξωτερικό	Ausland

6

το στρουμφάκι, -ια	Schlumpf
από μικρός / μικρή	von klein auf

7

Τρώγεται;	Kann man das / es essen?
τα σπόρια *(Pl.)*	Kürbis- / Sonnenblumenkerne
η πλατεία, -ες	Platz, Dorfplatz
γεμάτος, -η, -ο	voll, gefüllt
περπατ**άω, -ήσω**	zu Fuß / spazieren gehen
πάνω κάτω	auf und ab
συναντ**άω, -ήσω**	treffen
η γειτονιά, -ές	Nachbarschaft, Viertel
οι μεγάλοι *(Pl.)*	Erwachsene, Ältere
συμβολ**ίζω, -ίσω**	symbolisieren
αλατισμένος, -η, -ο	gesalzen
ένα-ένα	eins nach dem anderen
το δάχτυλο, -α	Finger
ο σπόρος, -οι	Samen, Kern
σπάνια	selten *(Adv.)*
το μέρος, -η	Ort, Platz
θυμ**ίζω, -ίσω**	erinnern
λειτουργεί, -ούν	funktionieren, in Betrieb sein
καθαρ**ίζω, -ίσω**	sauber machen, säubern
τρώω το χρόνο μου	seine Zeit verbringen, „totschlagen"

Παιχνίδι 2

το τριαντάφυλλο, -α	Rose
η βιογραφία, -ες	Biografie

Μάθημα 9

1

τα Μετέωρα *(Pl.)*	Meteora-Klöster
ανατολικά από	östlich von *(Adv.)*

ανατολικός, -ή, -ό	östlich
αρχαίος, -α, -ο	antik, alt
το παλάτι, -ια	Palast
ο Μίνωας	Minos
παλιός, -ά, -ό	alt
το μοναστήρι, -ια	Kloster
η γέφυρα, -ες	Brücke
η λίμνη, -ες	See
ο πύργος, -οι	Turm
η τέχνη, -ες	Kunst, Handwerk
ο Ποσειδώνας	Poseidon
βόρεια από	nördlich von *(Adv.)*
νότια από	südlich von *(Adv.)*
νότιος, -α, -ο	südlich
δυτικά από	westlich von *(Adv.)*
δυτικός, -ή, -ό	westlich
ο Βορράς	Norden
ο Νότος	Süden
η Δύση	Westen
η δύση	Sonnenuntergang
η Ανατολή	Osten
η ανατολή	Sonnenaufgang

2

σκέφτ**ομαι, -ώ** *(mit Akk.)*	denken an
βαρύς, -ία, -ύ	schwer, *(Winter)* hart
βρέχει	es regnet
χιονίζει	es schneit
θρησκευτικός, -ή, -ό	Religions-, auf die Religion bezogen
ξεκιν**άω, -ήσω**	aufbrechen
ανεβαίνω, ανέβω	(hin)aufsteigen
πάνω σε	(hin)auf
το δρομάκι, -ια	kleiner Weg, Pfad
φαρδύς, -ιά, ύ	breit
Παναγίτσα μου!	Ach du meine Güte! (*wörtl.*: Mein Mütterchen Gottes!)
η βδομάδα	*Kurzform von* εβδομάδα
οι Κυκλάδες	Kykladen *(Inselgruppe)*
το κάμπινγκ, -	Camping, Campingplatz
βαθύς, -ιά, -ύ	tief
η σκηνή, -ές	Zelt
το φεγγάρι, -ια	Mond
ρομαντικός, -ή, -ό	romantisch
η δασκάλα, -ες	Lehrerin
τα πάω μια χαρά	es gelingt mir gut
η μοτοσικλέτα, -ες	Motorrad
το ποδήλατο, -α	Fahrrad
το τρένο, -α	Zug
το τροχόσπιτο, -α	Camper, Wohnmobil
ο / η σύζυγος	Ehepartner
ο / η συνάδελφος, -οι	Kollege / Kollegin
το (ταξιδιωτικό) γκρουπ, -	(Reise)Gruppe

3

τα διόδια *(Pl.)*	Mautstelle, Maut
τα ψιλά *(Pl.)*	Kleingeld, Münzen
θα θέλαμε να	Wir würden gerne (etwas tun)
το φέρι μποτ, -	(Auto)Fähre
το δελφίνι, -ια	*hier:* Flying Dolphin
Προσοχή!	Achtung! Vorsicht!
η προσοχή	Aufmerksamkeit
το δρομολόγιο, -α	Fahrplan
Μου το γεμίζετε, παρακαλώ;	Einmal volltanken bitte.
γεμ**ίζω, -ίσω**	füllen
η απλή αμόλυβδη	Bleifrei
η σούπερ αμόλυβδη	Super Bleifrei
μεσαίος, -α, -ο	von mittlerer Größe
ο οδηγός, -οί	Fahrer
επιστρ**έφω, -έψω**	zurückfahren, zurückkehren
με επιστροφή	(Ticket) hin und zurück
η επιστροφή, -ές	Rückfahrt, Rückkehr
η διαφορά, -ές	Unterschied
η ασφάλεια, -ες	Versicherung
μέσα στην τιμή	im Preis inbegriffen
ενώ	während *(Konjunktion)*
η απλή διαδρομή	einfache Fahrt
η διαδρομή, -ές	Strecke, Fahrt
η ταχύτητα, -ες	*(beim Auto)* Gang; Geschwindigkeit
αυτόματος, -η, -ο	automatisch
το υδραυλικό τιμόνι	Servolenkung
το τιμόνι, -ια	Lenkrad
η βενζίνη	Benzin
η ενοικίαση, -(άσ)εις αυτοκινήτου	Autovermietung
αυτόματο	*(beim Auto)* Automatik

4

η εκδρομή, -ές	Ausflug
ημερήσιος, -α, -ο	Tages-
η πλατεία, -ες	Platz, Dorfplatz
το πούλμαν, -	Reisebus
το φλαμίνγκο, -	Flamingo
η αγριόγατα, -ες	Wildkatze
άγριος, -α, -ο	wild
η γάτα, -ες	Katze
το πουλί, -ιά	Vogel
συνολικός, -ή, -ό	Gesamt-
το κόστος	Kosten

κάτω των ... (χρονών)	unter ... Jahren
η αρχαιότητα	Antike
ήδη	schon, bereits
το Βυζάντιο	Byzanz
η ιαματική πηγή	Heilquelle
ιαματικός, -ή, -ό	Heil-
η πηγή, -ές	Quelle
η επίσκεψη, -(έψ)εις	Besuch, Besichtigung
ιστορικός, -ή, -ό	historisch

5

κάνει κρύο	es ist kalt
το κρύο	Kälte
κάνει ζέστη	es ist heiß
η ζέστη	Hitze
έχει συννεφιά	es ist bewölkt
η συννεφιά	Wolken, Bewölkung
έχει ήλιο	es scheint die Sonne
ο ήλιος	Sonne
έχει καταιγίδες	es gewittert
η καταιγίδα, -ες	Gewitter
έχει αέρα	es windet, es ist windig
η βροχή, -ές	Regen
το χιόνι, -ια	Schnee
ο βαθμός, -οί Κελσίου	Grad Celsius
χαμηλός, -ή, -ό	niedrig
μείον *(mit Nom.)*	minus *(Temperatur)*

6

Άσε καλύτερα...	Lass mal ...
προτ**είνω, -είνω**	vorschlagen
διαφων**ώ, -ήσω**	nicht zustimmen, anderer Meinung sein
πάντως	jedenfalls, auf jeden Fall
(μου) φαίνεται	es scheint (mir)
συμφων**ώ, -ήσω** (με)	zustimmen, (mit jemandem) einer Meinung sein
Δεν το βλέπω να ...	Ich kann es mir nicht vorstellen ... zu ...

7

Βράζουμε στο ίδιο καζάνι.	Wir sitzen im selben Boot.
μποφόρ	Beaufort *(Windstärke)*
το δελτίο καιρού	Wetterbericht
μεσογειακός, -ή, -ό	Mittelmeer-
ο άνεμος, -οι	Wind
ανάλογα με	je nach
ο καύσωνας	Hitze, Hitzewelle
ενημερ**ώνομαι, -ωθώ** για	sich informieren über
κατοικημένος, -η, -ο	bewohnt
φυσ**άει, -ήξει**	es windet, es ist windig
η συγκοινωνία	Verkehr, Verbindung
μπορεί να τύχει	es kann passieren
μετρ**άω, -ήσω**	messen, zählen
πν**έω, -εύσω**	wehen
βορειοανατολικός, -ή, -ό	nordöstlich

Μάθημα 10

Πώς πάμε πιο πέρα;	*hier:* Wie geht's weiter?

1

η λογοτεχνία	Literatur
ο κινηματογράφος, -οι	Kino, Film
εθνικός, -ή, -ό	national
βυζαντινός,-ή, -ό	byzantinisch
η χορωδία, -ες	Chor
ο μανάβης, -ηδες	Gemüsehändler
ορθόδοξος, -η, -ο	orthodox
λογοτεχνικός, -ή, -ό	literarisch, Literatur-
η βραδιά, -ές	Abend, Abendveranstaltung
ο / η ηθοποιός, -οί	Schauspieler/in
η τραγουδίστρια, -ες	Sängerin
ξένος, -η, -ο	fremd, ausländisch, Gast-
ψωνίζω	einkaufen
μερικοί, -ές, -ά	einige
το ανοιχτό πανεπιστήμιο	*mögliche Übersetzung für Volkshochschule*

2

πριν *(mit 2. Verbstamm)*	bevor
αποφασ**ίζω, -ίσω**	entscheiden
τη στιγμή που	(in dem Moment,) als

3

συνεχ**ίζω, -ίσω**	weitermachen
τα κινούμενα σχέδια *(Pl.)*	Zeichentrickfilm
τα παιδικά *(Pl.)*	*hier:* Kinderfilme
το tandem	Sprach-Tandem
του χρόνου	nächstes Jahr
δεν ... άλλο	kein/e ... mehr
το τμήμα, -ματα	Abteilung
Άκου να δεις...	Sieh mal / Hör mal ...
το σίριαλ, -	Serie
το κλιπ, -	Clip
πάλι	wieder, dagegen
ο υπότιτλος, -οι	Untertitel
η φιλολογία, -ες	Philologie

επειδή	weil
αν και	wenn auch, wenngleich, obwohl

4

σκέφτομαι να (*+ Υποτακτική*)	überlegen / vorhaben, etwas zu tun
ελπ**ίζω, -ίσω**	hoffen
το Παν/μιο (*Abk. für* Πανεπιστήμιο)	Abk. für Universität
καθημερινά	täglich *(Adv.)*
τα αξιοθέατα *(Pl.)*	Sehenswürdigkeiten

5

η αρχική σελίδα, -ες	Startseite *(Internet)*
ο σύνδεσμος, -οι	Verbindung, Link
το βιβλίο επισκεπτών	Gästebuch
ο επισκέπτης, -ες	Gast, Besucher
η επικοινωνία	Kommunikation
ρεμπέτικος, -η, -ο	Rembetiko-
ο οργανοπαίχτης, -ες	Musikant
η κοινότητα, -ες	Gemeinschaft, Gesellschaft
αξέχαστος, -η, -ο	unvergesslich
διοργαν**ώνω, -ώσω**	organisieren
βγαίνω, βγω	herauskommen, veröffentlicht werden

6

το έργο, -α	Film
η εκδήλωση, -(ώσ)εις	Veranstaltung, Kundgebung
δωρεάν	umsonst, gratis

7

η φυσαρμόνικα, -ες	Mundharmonika
το ακορντεόν, -	Akkordeon
ο μπαγλαμάς, -άδες	Baglamas *(Zupfinstrument, kleines Bouzouki)*
η πίκρα, -ες	Bitterkeit, *hier:* Schicksalsschlag
ο καημός, -οί	(Herz)Schmerz
τα σωθικά *(Pl.)*	Eingeweide, *hier:* Herz
τα ρεμπέτικα (τραγούδια)	Rembetikolieder
έξυπνος, -η, -ο	schlau, gescheit
τα νιάτα *(Pl.)*	Jugend
τσαχπίνικα	kokett, gerissen *(Adv.)*

Η ζωή είναι ένας μύθος...

ο μύθος, -οι	Sage

1

η μυθολογία	Mythologie
στις μέρες μας	heutzutage
ο Δούρειος Ίππος	Trojanisches Pferd
το ήλιο	Helium
το οιδιπόδειο σύμπλεγμα	Ödipuskomplex
ο πλανήτης, -ες	Planet
ο Άρης	Ares = Mars *(Kriegsgott)*
το ωροσκόπιο, -α	Horoskop, Sternzeichen
η δύναμη, -(άμ)εις	Kraft
πετ**άω, -άξω**	fliegen
το κέρμα, -ματα	Münze
κρατ**άω, -ήσω**	halten
ο βασιλιάς, -άδες	König
μοιάζω με	jemandem ähneln
μακρύς, -ιά, -ύ	lang
ονομ**άζω, -άσω**	nennen
δυνατός, -ή, -ό	stark
η υπομονή	Geduld

2

η κουκουβάγια, -ες	Eule
το ηφαίστειο, -α	Vulkan
η αστραπή, -ές	Blitz
ο κύκνος, -οι	Schwan
το στάχυ, -ια	Ähre
το φτερό, -ά	Feder
η τρίαινα, -ες	Dreizack
η λύρα, -ες	Lyra
το τόξο, -α	Bogen
η φωτιά, -ές	Feuer
το σπαθί, -ιά	Schwert
ο γυναικάς, -άδες	Schürzenjäger
η ερωτική σχέση, -εις	Liebesbeziehung
π. χ. (*Abk. für* παραδείγματος χάρη)	z. B.
ζηλ**εύω, -έψω**	eifersüchtig sein
γκρινι**άζω, -άξω**	nörgeln
το σύμβολο, -α	Symbol
το ρόδι, -ια	Granatapfel
συμβολ**ίζω, -ίσω**	symbolisieren
ο συζυγικός δεσμός, -οί	Bund der Ehe
ο ουρανός	Himmel
μεγαλ**ώνω, -ώσω**	aufziehen
ο αγγελιοφόρος, -οι	Bote
ο δάσκαλος, -οι	Lehrer

η επιστήμη, -ες	Wissenschaft
άσχημος, -η, -ο	hässlich
πετ**άω, -άξω**	werfen, fliegen
βγάζω φωτιά	Feuer spucken
η σοφία	Weisheit
η στρατηγική, -ές	Strategie
ο πόλεμος, -οι	Krieg
η ασπίδα, -ες	Schild
η παρθένα, -ες	Jungfrau
αλμυρός, -ή, -ό	salzig, Salz-
το ξύλο, -α	Holz
κερδ**ίζω, -ίσω**	(für sich) gewinnen
ο κάτω κόσμος	Unterwelt
χρυσός, -ή, -ό	golden, aus Gold
η γεωργία	Landwirtschaft
στενοχωρημένος, -η, -ο	traurig, besorgt
ανθ**ίζω, -ίσω**	blühen
η εποχή, -ές	Jahreszeit, Epoche
η ομορφιά, -ές	Schönheit
ο αισθησιασμός	Sinnlichkeit
το πάθος, -η	Leidenschaft
το χαρακτηριστικό, -ά	Eigenschaft, Merkmal
το μέλλον	Zukunft
το φως, τα φώτα	Licht
η βία	Gewalt
συμπαθ**ώ, -ήσω**	mögen, sympathisch finden
το κυνήγι	Jagd
να μην παντρευτεί ποτέ	dass sie niemals heiraten soll
το γενεαλογικό δέντρο, -α	Stammbaum

3

μυθολογικός, -ή, -ό	mythologisch
ο ήρωας, -ες	Held
νικ**άω, -ήσω**	(be)siegen
ο λαβύρινθος, -οι	Labyrinth
το μέρος, -η	Ort, Platz
ο Όμηρος	Homer
ο ταύρος, -οι	Stier
φτι**άχνω, -άξω**	bauen, basteln
το κερί, -ιά	Wachs, Kerze
λι**ώνω, -ώσω**	schmelzen
πέφτω, πέσω	fallen
παλ**εύω, -έψω**	kämpfen
τα πανιά *(Pl.)*	Segel
ο Τρωικός Πόλεμος	Trojanischer Krieg
η περιπέτεια, -ες	Abenteuer
η οδύσσεια	Odyssee
πολεμ**άω, -ήσω**	im Krieg kämpfen, bekämpfen
ο πολεμιστής, -ές	Krieger
η κλωστή, -ές	Faden
η έξοδος, -οι	Ausgang

Quellenverzeichnis

Illustrationen: Jörg Plannerer, Regensburg • Bildredaktion: Britta Meier, Hueber Verlag, München